BRANDING LOW COST

CÓMO CREAR UNA GRAN MARCA CON MUY POCO DINERO

Kevin Albert

Copyright © 2021 Kevin Albert

Queda rigurosamente prohibida, sin la autorización escrita de los titulares del copyright, bajo las sanciones establecidas en las leyes, la reproducción total o parcial de esta obra por cualquier medio o procedimiento, incluidos la reprografía y el tratamiento informático, y la distribución de ejemplares mediante alquiler o préstamo públicos.

ISBN 978-1534948679

Dedicado a mis padres,
cuyos valores ayudaron a forjar mi marca personal.

ÍNDICE

Prólogo 1
Advertencias, promesas y compromisos 5
Introducción 7
    1.1. La idea. 7
    1.2. La investigación. 9
    1.3. Qué es el branding. 17
    1.4. Por qué hacer branding. 23
    1.5. Por qué no se hace branding. 29
    1.6. Por qué no dejarlo para después. 37
    1.7. DIY: Hazlo tú mismo o subcontrata. 43
Identidad de marca 47
    2.1. Misión. 49
    2.2. Visión. 53
    2.3. Valores. 57
    2.4. Posicionamiento. 65
Identidad formal 71
    3.1. Identidad verbal. 79
        3.1.1. Naming. 79
        3.1.2. Registro de marca. 85
        3.1.3. Storytelling. 95
        3.1.4. Eslogan. 99
    3.2. Identidad visual. 103
        3.2.1. Logotipo. 103
        3.2.2. Colores corporativos. 119
        3.2.3. Tipografía corporativa. 123
        3.2.4. Página web. 127

Video Branding 137
    4.1. Grabación low cost. 139
    4.2. Edición low cost. 151
Branding personal.. 155
    5.1. La industria de los expertos. 157
    5.2. Experto reconocido en menos de 30 días. 163
    5.3. Expertos vs vendedores de humo. 171
Branding por 0€ 181
Conclusiones 187
Importante 189

DESCARGA AHORA TU AUDIOLIBRO <u>GRATIS</u>

Si quieres disfrutar de **Branding Low Cost** *dónde y cuándo te apetezca, puedes descargar ahora su versión en audio con tu Prueba Gratuita de Audible.*

ESCANEA CON TU MÓVIL:

soykevinalbert.com/blc-audiolibro

Prólogo

Conocí a Kevin, durante unas jornadas sobre branding organizadas por el Ayuntamiento de El Campello en Alicante. Desde el primer momento me llamó la atención el concepto que defendía en su ponencia, demarcándose del resto de expertos invitados, **la posibilidad crear una gran marca con pocos recursos**. Soy de las que pienso que existe otra manera de hacer las cosas, que "los pequeños" podemos competir e incluso superar a los grandes y eso fue lo que me transmitió Kevin en aquellas jornadas; no importa el tamaño que tenga tu negocio, **tú puedes y debes crear una GRAN MARCA**.

Somos muchos los que queremos ganarnos la vida o hacer crecer nuestros negocios y el hecho de poder diferenciarnos, destacar y posicionarnos como lo hacen las grandes marcas hará que podamos conseguir nuestros objetivos de una forma mucho más rápida.

El éxito de un buen branding, y en consecuencia de un buen negocio, radica en sentar unas buenas bases y esto se consigue definiendo muy bien, y desde el principio, la misión, visión y valores de marca y conociendo a la perfección el perfil de tu cliente ideal. Cuando falta alguna de estas cosas, las posibilidades de éxito o de continuidad de un negocio disminuyen radicalmente. Parafraseando a Lewis Carroll, *"cuando no sabes dónde vas, no importa el camino que tomes"*

Hacía falta un manual diferente, que no estuviese enfocado a estudiosos del branding y que hablase de la creación de una marca desde la transparencia, claridad y honestidad necesaria para desmontar el tan extendido mito de que "el branding es caro".

Este libro te ayudará, de una forma práctica y realista, a crear una marca potente con una inversión mínima. Si eres emprendedor, quieres serlo o tienes un negocio propio, no se me ocurre ninguna razón por la que no quieras construir tu marca y más aún sabiendo que puedes hacerlo por muchísimo menos de lo que imaginas.

No te asustes, no se trata de que ahora tengas que convertirte de la noche a la mañana en un experto en todas y cada una de las materias necesarias para la creación de tu marca. Nada más lejos de la realidad. Este libro te guiará paso a paso en el proceso de creación de tu marca enseñándote qué aspectos debes trabajar tú directamente, cuáles es mejor subcontratar, cómo hacerlo y todo lo necesario para que consigas reducir en más de un 80% el gasto que te supondría encargárselo a una agencia de branding.

Disfruta del libro, lee atentamente y aprovéchate de todo el conocimiento y experiencia que Kevin ha volcado en estas páginas para ayudarte a construir tu marca sin morir en el intento.

Ana Escudero
Consultora de estrategia digital
Cofundadora de Yuvalia

Advertencias, promesas y compromisos

Advertencia

Este NO es un libro de "hazlo tu mismo". Aunque como verás más adelante hay determinadas ocasiones en las que sí recomiendo que sea el propio emprendedor el que se encargue de realizar alguna tarea muy concreta relacionada con la creación de su marca, mi principal misión con este libro es que aprendas a **contratar de forma inteligente.**

Promesa

En este libro voy a enseñarte cómo reducir un presupuesto de unos 30.000 a 60.000 euros que te cobraría cualquier agencia de branding "normalita" por la creación de los aspectos básico de tu marca, a **un presupuesto de menos de 1.000 euros** ¡Y sin perder un ápice de calidad!

Compromiso

En la propia descripción de este libro digo, y reafirmo aquí de nuevo que, si no soy capaz de **reducir en al menos un 80% el presupuesto de cualquier agencia de branding** a la que hayas consultado previamente, tienes mi palabra de que **te devolveré el importe íntegro de tu compra**.

Introducción

1.1. La idea.

La idea de escribir este libro surge en el año 2012, cuando durante una de las clases del MBA (Máster en Administración y Dirección de Empresas) de la Universidad de Alicante, Fernando Olivares, profesor de imagen e identidad empresarial, nos explicaba las diferentes estrategias de branding que podía llevar a cabo una empresa y cómo algunas de estas estrategias generalmente se empezaban a utilizar a partir de una facturación de 40 millones de euros anuales.

¡40 millones de euros! ¿Realmente todos los alumnos que estábamos sentados en aquella sala queríamos o podríamos dirigir una empresa de semejantes dimensiones? Más aún cuando en la situación económica en que nos encontrábamos era ya todo un logro que esas mismas empresas nos contratasen como cajeros, reponedores o becarios.

Personalmente, la razón por la que yo estaba haciendo aquel máster era para armarme con todas las herramientas necesarias para dar forma a mis propios proyectos (que eran y son muchos), con el fin de aumentar las posibilidades de éxito de los mismos.

¿Quería decir Fernando, que la gestión de nuestra identidad había que dejarla para más adelante, que los emprendedores no debíamos preocuparnos por la imagen que transmitiera nuestra empresa en un principio o que el branding era solo cosa de grandes empresas?

¡Desde luego que no! Y yo lo sabía. Desde el comienzo de mi camino como emprendedor en año el 2004, había encontrado multitud de herramientas y había aprendido decenas de estrategias que no se imparten en un MBA por muchos y diversos motivos que no entraré a discutir ahora, pues darían para otro libro, que permitían que cualquier emprendedor pudiese crear una gran marca independientemente de su facturación anual.

Partiendo de esta base que me daba mi experiencia personal, decidí emprender una investigación, que duró más de 4 años y que a día de hoy sigo ampliando y actualizando regularmente, con el objetivo de descubrir nuevas y/o mejores formas de gestionar todos y cada uno de los aspectos que conforman una gran marca a muy bajo coste, cuando no gratis.

Espero que todo lo descubierto a lo largo de mi investigación, y que he plasmado en este libro, te resulte tan apasionante como lo ha sido para mí, te anime y, sobre todo, te ayude a crear una marca potente que te acerque a la consecución de tus sueños empresariales.

1.2. La investigación.

Para ponernos en situación y que conozcas cómo realicé el proceso de investigación, que me permitió descubrir cómo crear una marca low cost, te voy a contar las 4 fases en las que consistió dicho proceso:

A. Revisión bibliográfica.
B. Entrevistas a emprendedores.
C. Asistencia a eventos sobre branding.
D. Búsqueda en Google.

A. Revisión bibliográfica.

El primer paso de mi investigación consistió en averiguar si ya existía algún libro que tratase el tema que yo pretendía abordar.

Sin embargo, todos los libros de branding que encontré eran puramente teóricos, escritos contemplando únicamente grandes empresas (aunque sus títulos indicasen lo contrario) y destinados a estudiosos de la materia o profesionales del branding.

En mi opinión, una de las razones por las que esto era así es la escasa importancia que hasta ahora se ha atribuido a la gestión de la marca para el éxito global de la empresa y que el branding ha sido, por lo general, un tema tratado únicamente en el ámbito universitario.

El auge del emprendimiento, la facilidad para emprender que nos ofrece el acceso a Internet y las innumerables herramientas tecnológicas disponibles, hace necesario, más que nunca, que las marcas consigan destacar sobre su competencia.

En este escenario, crear **una marca potente** es una necesidad para emprendedores, profesionales independientes y pymes.

Si te interesa conocer en detalle la historia del branding, adentrarte en sus diferentes definiciones o descubrir las nuevas teorías propuestas por los autodenominados gurús del branding, encontrarás decenas de libros sobre la materia. Si por el contrario eres empresario o emprendedor y lo que realmente te interesa es crear tu marca sin invertir grandes cantidades de dinero, este es tu libro.

B. Entrevistas a emprendedores.

El siguiente paso consistió en la búsqueda de empresas y emprendedores que cumpliesen con un único requisito: haber creado una marca reconocida habiendo empleado escasos recursos económicos.

Para la selección de mis entrevistados, busqué entre los ganadores y participantes de diversos concursos para jóvenes emprendedores organizados años anteriores a nivel internacional.

Una vez seleccionados, me puse en contacto con ellos para explicarles mi proyecto y pedirles una entrevista en persona o a través de videoconferencia, a lo que la gran mayoría accedió con mucho gusto.

Tengo que decir que disfruté de todas y cada una de las entrevistas y que conocí a personas maravillosas con las que sorprendentemente, tenía más cosas en común que con muchos de mis amigos de toda la vida.

Conforme iba realizando las entrevistas, descubrí que, a pesar de que todos se vendían como "emprendedores low cost", la realidad no siempre era esa. Lo cierto es que menos del 10% de los emprendedores entrevistados cumplían realmente con el requisito que me había marcado y el resto, en realidad, contaban con un capital más que considerable: unos porque venían de familias adineradas, otros porque ya contaban con otras empresas a sus espaldas, otros porque habían pedido inversión externa, etc. Todo esto no les resta ni pizca de mérito, pero dejaban de ser útiles para mi investigación, no cuadraban con el tipo de emprendedor y marca que yo buscaba, pues al contar con recursos económicos más que suficientes, ¿para qué iban a "perder el tiempo" buscando herramientas o estrategias low cost? Así, por poner dos ejemplos: uno de estos "emprendedores" se había gastado más en el diseño de su logotipo (2.000€) y otro en el registro de su marca (1.800€) de lo que yo propongo gastar en toda la estrategia de branding, incluyendo por supuesto, entre otras cosas, el diseño del logotipo y el registro de marca.

Aunque de todas las empresas entrevistadas extraje alguna lección más o menos valiosa, comprobé que la forma de hacer las cosas de aquellas empresas con capital y recursos económicos para invertir y la de aquellas cuyo presupuesto era cercano a cero euros, era completamente diferente. Las segundas son, sin duda, las que me proporcionaron la mayor parte de la información relevante para la elaboración de este libro.

Durante las entrevistas realizadas, descubrí algo muy curioso que me hizo intuir porque nadie hasta ahora había escrito este libro. De entre aquellos emprendedores que habían creado su marca contando con escasos recursos, existían unos pocos que no estaban dispuestos a compartir sus "secretos", pues atribuían a estos gran parte de su éxito.

Un ejemplo de ello es lo que transcribo a continuación y que forma parte de la primera entrevista que realicé:

- De ninguna manera, sin un contrato de "confidencialidad" le agradecería que no conectase la grabadora. Seguro que no somos los únicos que se lo han exigido.
- En realidad –contesté– mis compañeros se han reunido con los directores del departamento de comunicación de

empresas como Mercadona e Inditex, entre otras, y no han tenido ningún problema.
- Claro, empresas de ese tamaño no tienen problema en compartir cómo hacen lo que hacen porque nadie puede permitirse copiarlos y competir contra ellos, pero nuestro *Know How* es nuestro bien más valioso y no estamos por la labor de compartirlo –concluyó–

C. Asistencia a eventos sobre branding.

El tercer paso de mi investigación tenía el objetivo de recopilar el mayor número de herramientas útiles que se mencionasen en cualquier evento o actividad formativa sobre branding.

Durante el proceso de investigación prácticamente me volví adicto a este tipo de eventos y asistía a todo curso, taller, conferencia, etc. sobre branding, y otros temas relacionados con este, que llegase a mis oídos y considerase que podría enriquecer este libro.

Al igual que me ocurrió con las entrevistas a emprendedores, disfruté mucho de todos estos eventos, conocí gente increíble e hice buenas amistades, con las que comparto muchas inquietudes y que me hicieron sentir algo más normal en un mundo en el que hasta ese momento me daba la impresión de ir contracorriente. Si eres emprendedor y te frustra que tu familia y amigos no compartan tu forma de ver las cosas y te consideren un bicho raro, en estos eventos te sentirás como pez en el agua.

Por desgracia, se podría decir que este fue el mayor beneficio de asistir a estos eventos porque, aunque en algún caso puedes salir de ellos con alguna herramienta o estrategia que te permita gestionar tu marca de forma más eficiente, muchos de estos eventos (especialmente los gratuitos) tienen un objetivo muy diferente.

He comprobado que estos eventos son usados por las agencias y profesionales del branding, como un excelente canal de captación de clientes. Lo cual, en principio, no me parecería mal si no fuese porque para captar el mayor número de clientes resulta imprescindible que los asistentes no aprendan demasiado, o nada en absoluto, durante dichos eventos. La fórmula más utilizada es presentarte las estrategias, acciones o tareas necesarias para que tu marca tenga éxito (SEO, social media, etc.) de una forma tan técnica y complicada que llegues a la conclusión obvia de que lo mejor es contratar ese servicio a un profesional y no hacerlo tú mismo.

No estoy criticando que se recomiende dejar en manos de profesionales determinadas tareas. Con eso estoy completamente de acuerdo. Una buena gestión del branding no requiere, ni mucho menos, aprender a hacerlo todo por uno mismo. Lo que critico es que, si la intención de estos eventos no es la de enseñar algo, no deberían presentarlos como actividades formativas en las que "aprendes a...", "descubres todo lo relacionado con..." y otras formas habituales de comunicar el supuesto beneficio de este tipo de actividades.

Aunque esto ya me parecía algo muy evidente, decidí hacer una última comprobación. Para ello, me puse en contacto con los organizadores de varios de estos eventos (gratuitos y de pago) ofreciéndome como ponente experto en branding y señalando que estaba terminando un libro sobre esta materia. Todos los organizadores acogieron mi propuesta con los brazos abiertos, al menos al principio. Lamentablemente, cuando más adelante les proponía comentar y analizar las herramientas que te voy a enseñar a utilizar en este libro, me descartaban rápidamente como ponente y no con buenas maneras precisamente.

Esta frase que me dijo uno de estos organizadores, con la que pretendía justificar su negativa a mi participación, viene a certificar mi hipótesis sobre el objetivo de muchos de estos eventos formativos: "No vamos a permitir que vengas a tirar piedras sobre nuestro propio tejado".

D. Búsqueda en Google.

Como sabrás, Google es el motor de búsqueda más conocido y usado mundialmente. Es por ello que la cuarta fase de mi investigación consistió en echar mano de Mr. Google para procurar no dejarme absolutamente nada en el tintero.

Teniendo tiempo para dedicarle, y sabiendo dónde y cómo buscar, Google puede proporcionarte multitud de estrategias, trucos y herramientas que te permitirán gestionar tu marca de forma mucho más eficiente.

Por si esto no fuese suficiente, en mi caso particular, Google no solo fue un excelente medio para encontrar trucos y herramientas que no pasarían los filtros para participar en uno de estos eventos de branding o los criterios de publicación de una editorial, sino que además me sirvió para enterarme (gracias a Google Alerts) de que un grupo de diseñadores y programadores se estaban organizando para, en palabras literales, "BUSCARME Y LINCHARME".

Y es que, como digo, **no todo el mundo está de acuerdo en que comparta los secretos que te voy a contar en este libro**.

1.3. Qué es el branding.

Antes de adentrarnos en las diferentes herramientas y estrategias para crear tu marca es importante definir qué se entiende por branding y aclarar algunos conceptos básicos que suelen crear confusión.

Tradicionalmente, especialmente en las pymes, el branding se ha ceñido exclusivamente a la función de diseño, como puede ser, por ejemplo, la creación del logotipo.

Este enfoque es simplista e incorrecto, pues cualquier actividad de la empresa es susceptible de influir en la percepción de marca que tienen nuestros clientes.

El branding es la disciplina que se ocupa de la creación y gestión de una marca y se compone de:

- **Identidad** (corporativa): Quiénes somos.
- **Imagen** (corporativa): Quiénes dicen nuestros clientes que somos.

Soy consciente de que a veces puede resultar complicado, distinguir entre estos dos conceptos, sobre todo si no has leído nada sobre branding anteriormente.

A pesar de que todos los días me llegan clientes interesados en trabajar su branding o el de su empresa, me he dado cuenta de que son pocos los que son capaces siquiera de distinguir realmente entre imagen e identidad de marca. Obviamente no es un problema de falta de acceso a información, pues existen cientos de libros y artículos que pretenden aclarar estos dos conceptos, aparentemente sin conseguirlo.

Esta confusión se origina en el hecho de que fuera del mundo del branding estos términos son usados de forma diferente. Así, según la Real Academia Española (RAE):

- **Imagen** es el conjunto de rasgos que caracterizan ante la sociedad a una persona o entidad.
- **Identidad** es el conjunto de rasgos propios de un individuo o de una colectividad que los caracterizan frente a los demás.

La imagen corporativa es la percepción que se tiene de una marca (lo que nuestros clientes dicen que somos) y, por tanto, no siempre va a estar bajo nuestro control. Sin embargo, la identidad corporativa podemos crearla y gestionarla a nuestro antojo mediante el uso correcto del branding. Es por tanto la identidad la que vamos a aprender a construir de forma eficiente en este libro.

La identidad corporativa está a su vez formada por:

- **Identidad de marca:** Quién eres por dentro.
- **Identidad formal:** La forma en que te presentas al mundo.

Esta nomenclatura puede variar según el autor consultado, pero lo importante es entender y diferenciar el significado de ambos conceptos.

1.3.1. Tu estilista profesional.

Para tratar de aclarar las diferencias entre estos dos conceptos voy a aprovechar lo que aprendí al trabajar codo con codo con una estilista profesional durante la elaboración de un catálogo para una reconocida marca de ropa. Es el ejemplo que suelo utilizar con mis clientes y siempre me ha dado muy buenos resultados, además viene muy bien para introducir el concepto de cliente objetivo y remarcar su importancia.

Lo primero que quiero que hagas es imaginarte que tu empresa/marca eres tú mismo y que tu cliente objetivo es esa persona que te gusta.

La importancia de tener identificado a tu cliente objetivo.

Si andas por la vida con el objetivo de encontrar pareja, pero nunca te has parado a pensar cómo debería de ser esa persona especial, tienes muchas posibilidades de acabar pasando el resto de tu vida con la persona equivocada, de no encontrarla nunca por no buscar en el lugar adecuado o incluso de haberla tenido delante sin tan siquiera darte cuenta.

No estoy hablando de obsesionarte con una única persona, lo que quiero decir es que deberías tener muy claro cómo quieres que sea y que requisitos debe cumplir el tipo de persona con la que te gustaría estar y a la que deseas atraer. Te recomiendo que inviertas tiempo en elaborar una lista con todas las cosas que buscas en una pareja: cualidades físicas, personalidad, valores, hobbies, etc. Cuanto más detallada sea esta lista mucho mejor.

Y es que, si no preparas esta lista por anticipado, después de pasar una buena temporada a dos velas, corres el riesgo de pensar que te has enamorado de la primera persona que te diga "me gustas".

Además, sin tener claro cuál es el perfil de la persona que te gustaría tener a tu lado, no sabrás dónde encontrarla ni qué puedes hacer para atraerla y enamorarla.

Esto mismo sucede con tu cliente objetivo. Si no dedicas el tiempo necesario para describirlo a la perfección: cómo piensa, qué le interesa, qué lugares frecuenta, etc. ¿Cómo diablos vas a encontrarlo?

La importancia de la coherencia entre nuestra identidad de marca y nuestra identidad formal.

Supongamos que, una vez que has identificado a tu pareja ideal (**cliente objetivo**), decides que la mejor forma de llamar su atención y conseguir que se fije en ti es a través de tu vestuario (**identidad formal**) y puesto que seguramente no quieres dejar el amor en manos del destino, decides tomar cartas en el asunto y contratas a un estilista profesional para que te asesore sobre cuál es la mejor forma de vestir para atraer a esa chica o chico que te gusta.

Si realmente has dado con un buen estilista, antes de ponerse manos a la obra, además de preguntarte por el tipo de persona a la quieres gustar y la ocasión para la que quieres vestir, te hará preguntas sobre ti mismo: cómo eres, qué te gusta, etc. (**identidad de marca**). De esta forma, en lugar de disfrazarte de algo que no eres, te ayudará a potenciar lo mejor de ti mismo a través de tu vestuario y de los complementos que mejor encajen con tu estilo personal.

Si lo que buscas es una relación de una sola noche puede valerte la táctica de disfrazarte para aparentar ser algo que no eres (**publicidad**), pero si lo que quieres es una relación duradera, la mejor estrategia será vestirte según tu propio estilo, potenciando y comunicando los mejores aspectos de tu personalidad (**branding**).

Por lo tanto, antes de pedir consejo profesional sobre tu vestuario, primero debes conocerte bien a ti mismo, pues un buen estilista te ayudará a elegir tu vestuario (**identidad formal**) de acuerdo a la persona a la quieres gustar (**cliente objetivo**) y la ocasión para la que quieres vestir, sí, pero siempre teniendo en cuenta quién eres tú realmente (**identidad de marca**).

El branding no consiste en disfrazarnos para gustar más a nuestros clientes sino en elegir el vestuario que mejor transmita quiénes somos para que estos clientes puedan reconocernos fácilmente entre la multitud.

1.4. Por qué hacer branding.

En las últimas tres décadas, la marca ha pasado de ser un activo más de los que componen una empresa, a convertirse en un activo clave de las mismas. La marca es un elemento fundamental en la supervivencia de las empresas, tanto por su capacidad para generar ingresos como por el valor financiero de las mismas. Por tanto, el activo marca es uno de los más importantes de la empresa y la gestión estratégica del mismo se convierte en una necesidad para las compañías.

En este contexto, todo negocio, independientemente de su nivel de facturación y el número de personas que lo compongan, debe prestar atención a su estrategia de branding y darle a su marca la importancia que se merece.

El objetivo del branding es la creación de capital de marca, es decir, de valor de marca. Este valor de marca es doble, valor de marca para el consumidor y valor de marca para la empresa. La consecución de valor de marca para el consumidor, mediante la conexión racional y emocional de la marca con el cliente, traerá consigo la creación de valor para la empresa.

1.4.1. Ventajas estratégicas del branding.

A. Instrumento estratégico de dirección.

"Una imagen de marca positiva es condición indispensable para la continuidad y el éxito. Ya no se trata de algo exclusivo del marketing, sino más bien de un instrumento estratégico de la alta dirección" (De Soet, en Blaw, 1994)

B. Incentivo para el mercado de productos, laboral y financiero.

Una imagen corporativa sólida es un incentivo para la venta de productos y servicios.

"Ayuda a la empresa a contratar a los mejores empleados, es importante para los agentes financieros y los inversores, y genera confianza entre los públicos objetivo internos y externos" (Blaw, 1994).

Esto supone que una imagen de marca potente permite que los productos y/o servicios que ofrece sean los elegidos por el cliente objetivo, y la empresa en sí misma, sea la elegida por empleados e inversores.

C. Valor añadido y factor de competitividad.

Una imagen corporativa firme crea un valor emocional añadido para una empresa, y asegura que esté un paso por delante de sus competidores.

"Una imagen corporativa firme es competitiva, es decir, distinta y creíble" (Brinkerhof, 1990).

Para diferenciarte de tus competidores y hacerte un hueco en tu sector necesitas crear una imagen de marca que refleje el valor añadido que aportas al mercado.

D. Atrae a los diversos públicos.

"Una buena imagen ayuda a la empresa a atraer a la gente necesaria para su éxito: analistas, inversores, clientes, socios, y empleados. La gestión de la identidad asegura esa buena imagen" (Chajet, 1989).

Una empresa con una imagen de marca bien trabajada, atrae y genera mayor interés frente a aquellas que no la trabajan o lo hacen de manera inadecuada.

E. Factor diferencial.

"Diferentes investigaciones han demostrado que 9 de cada 10 consumidores señalan que, a la hora de elegir entre productos similares en calidad y precio, la reputación de la empresa determina qué producto o servicio comprar" (Mackiewicz, 1993).

Si no trabajas tu branding desde el principio, estarás perdiendo oportunidades a la hora de competir con otros que tengan productos y/o servicios similares.

F. Facilita la toma de decisiones.

Esto ocurre cuando:

- La información con la que se tiene que tomar decisiones es compleja, conflictiva, y/o incompleta.
- La información es insuficiente o abarca demasiado para poder emitir un juicio.
- "Existen ciertas condiciones en el entorno que obstruyen el proceso de toma de decisiones, tales como la falta de tiempo" (Poiesz, 1988).

1.4.2. Beneficios específicos en cada área de negocio.

Todas estas ventajas estratégicas generales pueden concretarse en beneficios específicos en cada una de las áreas del negocio:

A. Nivel interno de negocio.

- El branding aumenta la motivación de todos los integrantes del negocio.
- Es un factor de atracción para empleados, colaboradores, partners e inversores.
- Aumenta la calidad final de los productos y/o servicios ofrecidos.

B. Nivel de Marketing y Promoción.

- Aumenta la calidad percibida de los productos y/o servicios por parte del cliente.
- Favorece y acelera la toma de decisiones de los clientes potenciales.
- Aumenta la fidelización del cliente e incita a la recomendación.

Resumen de los grandes beneficios del branding para tu negocio.

- Te ayuda a diferenciarte de tu competencia.
- Te permite distinguir y crear una fuerte identidad de tus productos y/o servicios.
- Genera prestigio, credibilidad y confianza, tan necesarios en la decisión de compra de tu cliente potencial.

1.5. Por qué no se hace branding.

Después de ver las múltiples e importantes ventajas que se derivan de una buena gestión de marca parece obvio que aquellos emprendedores o empresarios que no están haciendo todo lo que está es su mano, o peor aún, nada en absoluto, para construir o mejorar su marca, es simplemente porque desconocen estas ventajas. Sin embargo, a lo largo mi investigación y del análisis de las empresas de mi entorno, he descubierto que son muchos los empresarios que sí son conscientes de estos beneficios.

Entonces, si son conscientes de su importancia, ¿cuál es el motivo que lleva a estos empresarios a no trabajar su marca?

Los motivos que yo he encontrado son principalmente dos:

Motivo #1: Piensan que es algo muy caro.

En general, muchas personas mantienen la idea equivocada de que crear una marca es algo tremendamente caro y que está reservado únicamente a grandes empresas. Esta es una creencia bastante extendida entre empresas, empresarios, emprendedores y responsables de pequeños negocios.

No tuve que irme muy lejos, para encontrar ejemplos de empresas convencidas que hacer branding es muy caro.

Aunque nací en Alicante, siempre he vivido en Elda, ciudad conocida internacionalmente por su industria del calzado, que representa su principal actividad económica.

Esta población ha vivido momentos de esplendor en el que todos, tanto empresarios como trabajadores, tenían una calidad de vida muy alta. Desgraciadamente, la base de esta riqueza se debía únicamente a aquello de "encontrase en el lugar adecuado en el momento adecuado". Los actuales empresarios empezaron siendo trabajadores, muy emprendedores sí, pero sin formación empresarial, quienes montaron pequeños talleres que empujados por la bonanza económica acabaron convirtiéndose en grandes imperios dirigidos por estos y posteriormente por sus hijos. Siempre pensaron que todo lo que habían conseguido era fruto de su buen hacer... y se relajaron.

Por desgracia para estos empresarios y sus trabajadores, la crisis económica y la globalización los sacó de su particular cuento de hadas. Así, durante la época comprendida entre los años 2.000 y 2.015 cerraron el 95% de estas empresas y las que consiguieron sobrevivir, se convirtieron en esclavas de grandes marcas internacionales que pagan sueldos tercermundistas para fabricar zapatos de lujo que venden luego a precios desorbitados.

No resulta sorprendente que alguien que haya estudiado empresariales pueda predecir, incluso sin conocer el sector del calzado que, si una empresa no trabaja su branding, tarde o temprano acabará trabajando para otra que sí lo haya hecho, aunque esta última no tenga la más absoluta idea de hacer zapatos.

Lo que sí me resultó sorprendente fue descubrir que muchos de estos empresarios, que habían tenido que cerrar sus fábricas o que luchaban todos los meses por sobrevivir y pagar a sus empleados, también eran conscientes de este hecho.

Recuerdo que hace algún tiempo, hablando con mi padre, que empezó a trabajar en el calzado a los 13 años y que durante los 10 años previos a su jubilación pasó por unas 7 empresas diferentes (siempre por cierre de la anterior), me explicaba que su jefe había discutido con el representante de una de marca importante, pues esta amenazaba con llevarse la producción a otro país (china, creo recordar) si no bajaba, aún más, los precios. Concretamente este representante quería pagar por zapato terminado 20€ en lugar de los 23€ que se estaban pagando en ese momento. Puede que no parezca mucha diferencia, pero si tenemos en cuenta que, pagando 23€ por zapato, un empleado ya estaba ganando únicamente 3€ por hora y que esos zapatos tenían un precio de venta al público entre 600€ y 900€, el enfado del jefe de mi padre estaba más que justificado. En cualquier caso, finalmente tuvo que ceder.

Después de oír esta historia, que por desgracia ya había oído en otras ocasiones, le expliqué a mi padre que, si su jefe se preocupase por crear su propia marca, sería él quien podría elegir el precio al que vender sus zapatos y no tendría que aceptar los precios abusivos impuestos externamente. Ingenuo de mí, pensaba que le estaba dando una pequeña lección de branding a mi padre, pero como he dicho, me sorprendió lo claro que ya tenía mi padre todo esto y más aún me sorprendió saber que su jefe lo tenía igual de claro.

Le pregunté entonces por qué su jefe no hacía nada al respecto, a lo que me contestó que no podía permitírselo, que crear una marca era algo muy caro.

¿Qué no podía permitírselo? Lo que no podía era "no permitírselo" y seguir aguantando que le pagasen sus zapatos por debajo del coste de fabricación.

— ¿Por qué piensas que es algo tan caro? – le pregunté.

Me explicó que una antigua jefa suya, mucho antes de que llegase la crisis, estuvo al borde de la ruina por intentar crear su propia marca, a pesar de haber tratado de ajustar al máximo el presupuesto.

¿En qué consistía exactamente la estrategia de branding "low cost" de esta empresaria?

1. Utilizar a su hija en lugar de contratar a una modelo profesional. Ahorro de 50-100€ por sesión. Esto NO es branding low cost.
2. Aprovechar que a uno de sus sobrinos "se la daba bien" la fotografía en lugar de contratar a un fotógrafo profesional.

Ahorro 100-200€ por sesión. Esto NO es branding low cost.
3. Publicar esas fotografías en las mejores revistas de moda nacionales e internacionales. Inversión: entre 3.000€ y 12.000€ al mes por publicación. ¡ESTO NO ES BRANDING LOW COST!

Motivo #2: Desconocimiento y/o miedo.

No tenemos del todo claro en qué consiste, o incluso nos suena a cosa de brujería, esto del branding. Y lo desconocido nos da miedo.

En mi familia, a excepción de mis padres, todos son o han sido empresarios. Pero como sucede con muchos empresarios, nunca han desarrollado, ni tienen intención de desarrollar su marca. Algunos de estos familiares trabajan desarrollando productos excepcionales y sin competencia y otros proporcionan servicios más comunes, pero de una forma igualmente excepcional.

Aunque ambos tipos de negocio se beneficiarían enormemente de una pequeña inversión en branding, unos para darse a conocer y vender a nivel global y otros para posicionarse como referentes en su sector a nivel local o provincial, ninguno de mis familiares me ha preguntado nunca sobre el tema, a pesar de que todos han pasado por dificultades económicas o incluso han pensado en cerrar "por culpa de la crisis".

Yo, que sé que a mi familia esto del branding les suena a (cuento) chino, nunca he tratado de orientarlos ni aconsejarlos en lo referente a sus empresas, por muy triste que esto sea o por mucha pena que me dé. Pero en una ocasión, en el transcurso de una conversación en la que uno de mis familiares me contaba lo mucho que le costaba mantener su empresa a flote a pesar del servicio excepcional que ofrecían y de la gran inversión que acababan de realizar en la mejor maquinaria de su sector, se me ocurrió, ingenuo de mí, ofrecerme a preparar un estudio de mercado y desarrollar una plataforma web con una estrategia de posicionamiento bien definida, con el objetivo de captar nuevos clientes y poder jugar con los márgenes de beneficio. Todo completamente gratis. Su respuesta representa muy bien la forma de pensar de muchos empresarios. Cito textualmente, pues es algo que se me quedó grabado:

"A mí no me metas en tus chanchullos, ¡qué somos familia, hombre!"

Mi contestación fue un simple "OK", respiré hondo, me dije a mí mismo "no te lo tomes como algo personal" y me marché.

Nunca más hemos vuelto a comentar absolutamente nada del tema.

¿Con esta respuesta me quería decir que en realidad no le importaba tanto su empresa o que no se fiaba de mí? No. En muchos negocios, especialmente los que pasan de padres a hijos, generación tras generación, hasta que el mercado acaba echándolos (esto será cada vez más habitual), los empresarios terminan por pensar, equivocadamente, que si han aguantado durante tantos años es porque algo deben de estar haciendo bien y como no saben exactamente qué es eso que están haciendo bien, la única forma de seguir haciéndolo es no cambiar absolutamente nada:

- "Así como está, siempre funcionó."
- "No dará resultado en nuestro caso."
- "No estamos preparados para eso."
- "Lo vamos a dejar para más tarde."
- "La situación no es muy propicia."
- "Vamos a esperar a que las cosas mejoren."
- Etc.

Las personas tenemos miedo a lo nuevo, a lo desconocido, y las consecuencias de ello pueden llegar a pagarse tremendamente caras.

Terminar cerrando tu empresa no es nada en comparación con todas las cosas que puedes llegar a perderte a lo largo de tu vida, personal y profesional, por este irracional miedo al cambio.

1.6. Por qué no dejarlo para después.

Estoy seguro de que si estás leyendo este libro ya conoces perfectamente la importancia del branding y has decidido aplicarlo en tu empresa o proyecto, por lo que no tengo que seguir insistiendo en sus ventajas para convencerte.

Para lo que tal vez sí necesites un empujoncito es para comenzar cuanto antes. Tanto si todavía estás pensado en lanzar tu proyecto como si ya llevas un tiempo considerable en el mercado, voy a darte dos buenas razones para no postergar más esta decisión.

1. Alcanzarás antes tu punto de equilibrio.

Si todavía no has lanzado tu proyecto o te encuentras en las primeras fases de desarrollo del mismo, trabajar tu marca AHORA, te permitirá empezar a generar beneficios mucho antes.

Pero, ¿por qué?

Puesto que la mayoría de empresarios y emprendedores retrasan la decisión de trabajar su marca hasta que las cosas "les vayan bien"[1], cuando nos encontramos ante una empresa con una marca bien trabajada, automáticamente asumimos que las cosas ya le deben estar yendo bien, o muy bien, e inconscientemente justificamos estos buenos resultados atribuyéndole una serie de características comunes a toda empresa de éxito: seguridad, calidad, profesionalidad, etc.

Por tanto, si trabajas tu branding desde un principio, te estarás aprovechando de esta asociación inconsciente que se produce en la mente de tus clientes potenciales quienes te atribuirán las mismas características que a otras empresas que han tenido que luchar durante años para conseguir ese mismo reconocimiento. Y esto, por supuesto, se traduce en más ventas.

Ejemplo:

> En una ocasión contactó conmigo un empresario del sector del calzado, pues había invertido una cantidad considerable de dinero en elaborar una pequeña producción de zapatos de señora de muy alta calidad, pero sin plantearse como iba a venderlos después, compitiendo con otras marcas ya consolidadas en el mercado y a los mismos precios.

---

[1] *Desgraciadamente, retrasar esta decisión puede implicar que en muchas ocasiones las cosas nunca lleguen a ir bien o, en el mejor de los casos, que los resultados tarden mucho más en llegar.*

Estrategia seguida: crear una tienda online con un trabajo de branding más potente que el de su competencia directa: naming, logotipo, página web, fotografía, etc.

Inversión en marketing: 0€

Resultado: en menos de un mes había vendido toda la producción, encargado fabricar la siguiente y subido los precios un 30%. Todo a través de Internet y sin necesidad de comercial o intermediario alguno.

Por qué: trabajando la identidad visual desde un principio, mimetizándola y mejorándola en relación a la de su competencia, nos apoderamos de las asociaciones positivas que estas marcas habían tardado años en crear en la mente de sus clientes y eliminamos la ansiedad que genera el comprar una marca nueva en una página web desconocida.

2. Te permitirá multiplicar tus beneficios.

Si tu negocio ya lleva un tiempo en marcha y lo que quieres es darle un buen empujón y aumentar tus beneficios, es hora de trabajar tu branding.

El simple hecho de definir el tipo de cliente al que quieres dirigirte o de mejorar tu identidad visual pueden permitirte multiplicar tus ingresos de la noche a la mañana.

Además, cualquier otra acción o estrategia llevada a cabo en tu negocio tendrá mucha mejor rentabilidad si ya existe un trabajo de branding previo.

Ejemplo:

>A principios de 2.015 un equipo de emprendedores que había montado una agencia de marketing me pidió ayuda, pues estaban perdiendo la motivación por su trabajo y pensando en cerrar y dedicarse a otra cosa.
>
>El problema era que tres años atrás, cuando abrieron su agencia de marketing, empezaron ofreciendo sus servicios a precios muy reducidos. Según me contaron, decidieron fijar esos precios porque les hacia sentir bien el pensar que así ayudaban a otros emprendedores como ellos a impulsar sus respectivos proyectos.
>
>Sin embargo, al poco tiempo se dieron cuenta de que el tipo de cliente que se ponía en contacto con ellos no apreciaba en absoluto su trabajo, se quejaban absolutamente por todo y al poco tiempo cancelaban los servicios contratados argumentando que estos eran muy caros.

Solución: definir el tipo de cliente con el que les gustaría trabajar, diseñar una nueva identidad visual en consonancia con sus nuevos objetivos/clientes y... multiplicar sus precios **por cinco**.

Resultado: A pesar de haber subido los precios, en menos de tres meses conseguimos multiplicar los beneficios por dos, reducir la carga de trabajo a la mitad y trabajar con clientes más serios, con mayor formación y sobre todo que apreciaban su trabajo.

Por qué: los precios excesivamente bajos[2] y su identidad visual algo desfasada e infantil creaban desconfianza y rechazo precisamente en el tipo de cliente al que pretendían atraer.

---

[2] *Para que te hagas una idea de hasta qué punto los precios eran bajos, te diré que incluso después de haberlos multiplicado por cinco, seguían estando muy por debajo del precio medio de mercado.*

1.7. DIY: Hazlo tú mismo o subcontrata.

¿Construir una marca con escasos recursos económicos implica tener que aprender a hacer todas las cosas por uno mismo?

Rotundamente NO, más bien es todo lo contrario. Siempre que sea posible te recomiendo delegar los diferentes aspectos del branding al profesional más indicado en cada caso.

¿Cómo saber cuándo es más conveniente delegar y cuándo es más conveniente hacer las cosas por uno mismo?

A continuación, encontrarás una lista ordenada de requisitos que te permitirá determinar la conveniencia o no de delegar o subcontratar las acciones relacionadas con tu negocio. Te servirá para aspectos relacionados con el branding o con cualquier otra área de tu negocio.

Si no superas cualquiera de estos puntos, lo más conveniente será, sin duda, delegar.

¡Vamos a ello!

A. ¿Puedes hacerlo igual o mejor de lo que lo haría un profesional?

Este es el punto más importante, pues la idea no es conseguir hacer algo "decente" con escaso presupuesto, sino conseguir resultados profesionales con escaso presupuesto. Si no eres capaz de hacerlo igual que un profesional, no lo dudes, subcontrata.

Pero, ¿cómo saber si eres capaz de hacer un trabajo con la misma calidad que lo haría un buen profesional? Pues bien, hazte las siguientes preguntas:

- ¿Podría dedicarme profesionalmente a ello?
- A igualdad de precios ¿un cliente me contrataría a mí?

B. Haz números. ¿Realmente te vas a ahorrar dinero?

Imaginemos que además de tu pasión por emprender, tienes vocación artística, has hecho un curso de community manager o en tus ratos libres has estudiado vídeo y fotografía, ¿quiere decir esto por sí solo que lo más conveniente es que esa parte del branding la realices tú? NO.

Te recomiendo algo muy sencillo, en lo que no solemos caer cuando nos obcecamos en ahorrar dinero. Pide varios presupuestos para la tarea en cuestión y elige el que más te convenza (por feeling, confianza, profesionalidad, recomendaciones, etc.). Ahora realiza la siguiente operación: calcula cuántas horas te llevaría a ti hacer esa tarea, multiplícala por dos (y me quedo corto, porque no te haces una idea de hasta qué punto tendemos a infravalorar el tiempo que necesitaremos) y el resultado lo vuelves a multiplicar por lo que vale una hora de tu trabajo/tiempo. Si el resultado final obtenido (en euros) es menor que el presupuesto que habías elegido puedes pasar al punto siguiente. Si no, subcontrata.

C. ¿Te apetece hacer esa tarea?

Es muy importante que te hagas esta pregunta.

Y es que, por mucho que te vayas a ahorrar o por muy bien que se te dé la tarea en cuestión, seguramente tu negocio o el proyecto que vas a emprender ya requiera, sin necesidad de tareas adicionales de branding, el 100% de tu tiempo. Así que, si esta tarea no es algo que, además de ahorrarte dinero, te apetezca tanto hacer que lo harías incluso en tu tiempo libre, te recomiendo que delegues y te centres en tus tareas como CEO de tu empresa.

D. ¿Realmente tienes tiempo para hacer esa tarea?

A veces, por muchos conocimientos que poseas para realizar una tarea tal y como lo haría un profesional, por mucho que te vayas a ahorrar o por mucho que te apetezca realizar dicha tarea, el tiempo es el que es y los días dan para lo que dan. Cuando tienes un negocio propio, ya sea pequeño o grande, debes ser consciente de que no puedes hacerlo todo tú y que tendrás que delegar determinadas tareas para poder centrarte en otras más importantes.

Ahora ya tienes la información necesaria para determinar qué tareas convienen hacerlas por ti mismo y cuáles convienen subcontratar a otros profesionales.

CAPÍTULO UNO

Identidad de marca

Lo primero es lo primero y antes de ponerte a elegir un nombre bonito, lanzarte a diseñar tu logotipo o empezar a construir tu página web (**identidad formal**), como marca, debes tener muy claro quién eres, dónde quieres llegar, en qué crees y qué lugar quieres ocupar en el mercado y en la mente de tus potenciales clientes (**identidad de marca**). Para poder generar branding exitosamente, tu marca debe ser un reflejo de la misión, visión y los valores de tu empresa y debes saber posicionarla inteligentemente frente a tu competencia.

Es de vital importancia que te tomes el tiempo necesario para desarrollar estos principios estratégicos por adelantado, pues de ellos depende en gran medida el éxito futuro de tu proyecto. No debes cometer el error de dejar este paso para más adelante y empezar por otras tareas que puedan parecerte más amenas.

Definir estos aspectos desde el principio te ahorrará mucho tiempo y dinero.

No te dejes engañar por el porcentaje de este libro dedicado a la identidad de marca frente a la identidad formal pues, sin duda, es la primera la que tiene el mayor potencial de catapultar tu marca a lo más alto.

Puede parecer que esto es algo difícil y que por su importancia debería dejarse en manos de profesionales, pero cuando en el capítulo anterior te hablaba de una serie de tareas que es mejor hacer por uno mismo, era precisamente a esto a lo que me estaba refiriendo. No hay NADIE mejor que el propio emprendedor para desarrollar estos principios. Nadie mejor que tú conoce tu empresa o tu proyecto. Tan solo necesitas que alguien te guíe y en este libro vas a encontrar el guía perfecto. Voy a hacer que este proceso sea algo sencillo y ameno. Simplemente respondiendo una serie de preguntas, sin darte cuenta, tendrás redactados tus principios estratégicos mejor de lo que podría hacerlo ninguna agencia de branding.

¡Manos a la obra!

2.1. Misión.

Tanto si has estudiado empresariales como si no, seguramente el término misión (referido a una empresa) te suene algo abstracto y no tengas muy claro qué tiene que ver con el branding o cómo puede beneficiarte a la hora de crear tu marca.

Hay muchas formas de definir la misión de una empresa, a mí me gusta especialmente esta:

La misión es el propósito de tu empresa más allá de hacer dinero.

Tu misión debe hacer referencia a la razón de ser de tu empresa, a su esencia misma, el motivo por el que existe en el mundo.

Un propósito bien formulado y comunicado es una de las herramientas más potentes para convencer a los clientes de elegir tu marca frente a otras. En este apartado vamos a ver cómo puedes crear una misión inspiradora que te haga sobresalir por encima de tu competencia. Y lo mejor de todo, lo vas a hacer gratis.

2.1.1. Cómo crear tu misión.

Si nunca te lo habías planteado, te ayudará comenzar contestando esta pregunta:

¿Cuál es el propósito de tu empresa más allá de hacer dinero?

El objetivo de responder esta pregunta es conectar emocionalmente con tus clientes. No se trata ahora de explicar qué características tiene tu producto o servicio, sino de crear una conexión con tus clientes a un nivel más profundo, porque al final son las emociones las que nos impulsan a elegir unos determinados productos y no otros.

Evidentemente, cuando decides emprender, uno de tus objetivos es hacer dinero, pues hay que pagar la hipoteca, las facturas a final de mes, pagar a empleados, distribuidores, etc. Pero tu empresa, más allá del objetivo económico, también debe satisfacer un propósito más profundo contigo mismo, con tus clientes y con el mundo. Por lo tanto, a la hora de crear tu misión debes tener en cuenta cómo se relaciona el propósito de tu empresa desde estas tres perspectivas.

2.1.2. Brainstorming.

A. Tus porqués:

- ¿Por qué te inspira este proyecto?
- ¿Por qué haces lo que haces?

- ¿Cómo te ayudará este proyecto a alcanzar tus sueños?
- ¿Qué te impulsó a emprender?

B. Los porqués de tus clientes:

- ¿Qué problemas/necesidades tienen tus clientes?
- ¿Cómo contribuye tu empresa a solucionar sus problemas?
- ¿Qué necesidades emocionales satisfaces en tus clientes? ¿Los inspiras a alcanzar sus sueños? ¿Les ayudas a superar sus miedos?
- ¿Cómo mejoran tus productos y/o servicios la vida de tus clientes?

C. Los porqués del Mundo:

- ¿Cómo va mejorar tu empresa el mundo?
- ¿Cómo ayuda tu empresa al bienestar de las personas?
- ¿Cómo mejora tu negocio el medio ambiente?

Muy bien, una vez que contestes estas preguntas puedes comenzar a redactar tu misión, el motivo por el que tus clientes deberían convertirse en tus seguidores incondicionales, la razón que te impulsa a levantarte de un salto por la mañana, una misión inspiradora que haga que elijan tus productos sobre los de la competencia.

Es hora de conectar estos tres puntos de vista; busca la idea común que subyace en todas tus respuestas. En tu misión debes comunicar el punto común que une tu propósito, con el de tus clientes y con el del mundo.

Nota: *La misión de tu empresa debe resumir qué haces, para quién lo haces y cómo lo haces.*

2.2. Visión.

Ahora que ya sabes cuál es el propósito de tu empresa te será mucho más fácil definir la visión que te guiará y te mantendrá en el camino correcto hacia la consecución de tus objetivos y metas.

La visión define y describe la situación futura que desea tener la empresa.

Trata de responder a estas preguntas:

- ¿Cómo quieres que sea tu empresa en los próximos años?
- ¿Hacia dónde se dirige tu empresa?
- ¿Qué quieres lograr como empresa?
- ¿Cómo ves tu empresa dentro de 5 años?

La visión es considerada como hoja de ruta, pues marca tus objetivos a medio y largo plazo. Te servirá de brújula y te permitirá hacer las correcciones de rumbo necesarias en caso de desviarte del camino hacia tus objetivos.

La visión debe ser motivadora, por lo que debe ser realista y alcanzable.

Pero, ¿qué aporta esto a tus clientes?, ¿realmente a tus clientes les importa hacia dónde vas o a dónde quieres llegar?

2.2.1. ¿Por qué tu visión te hará sobresalir por encima de la competencia?

La mayoría de las empresas fallan en la creación de su visión empresarial al olvidar los intereses y las motivaciones de sus clientes. La visión de tu empresa debe servirte de mapa estratégico a largo plazo, sí, pero si quieres que además te sirva como arma de captación y fidelización de clientes no debes olvidarte de ellos a la hora de redactarla.

Como viste en el punto anterior es muy importante que conectes emocionalmente con tus clientes. Cuando tu visión es capaz de inspirar y motivar a tus clientes, además de a ti mismo, estarás diferenciándote y sobresaliendo por encima del 99% de la competencia.

Para la creación de la visión de tu empresa vamos a hacer un ejercicio de visualización. Quiero que cierres los ojos y te imagines a ti mismo dentro de 5-10 años habiendo alcanzado aquellos objetivos que hoy te parecen tan lejanos.

2.2.2. Brainstorming.

- ¿Cómo te sientes?
- ¿Dónde estás?
- ¿Qué haces a lo largo del día?
- ¿Qué has enseñado a tus clientes?
- ¿Cómo has cambiado la vida de tus clientes?

- ¿Cómo es trabajar en tu equipo?
- ¿Qué dicen los periódicos acerca de tu empresa?
- ¿Cómo has cambiado el sector al que te dedicas?
- ¿Cómo ha contribuido tu empresa a un mundo mejor?

Una vez que has generado algunas ideas de cómo ves tu futuro, tienes que plantearte cómo medirás tus progresos y avances hasta alcanzarlo. Es importante que seas lo más específico posible, de forma que sepas sin ninguna duda cuándo lo has conseguido.

Una de las mejores formas de plasmar la visión es definiendo tanto tu objetivo como la forma de medir la consecución del mismo. Al redactar la visión, no debes olvidarte de tener muy presente a tus clientes. Así, tu visión debería describir cómo tus productos o servicios tendrán un impacto positivo en la vida de tus clientes.

2.2.3. Consejos para la redacción de la visión.

- Debe ser alcanzable, no una fantasía.
- Debe ser inspiradora y motivadora tanto para ti como para tus clientes.
- Debe ser clara y sencilla. Fácil de comunicar.

2.3. Valores.

¿Alguna vez has soñado con poder incorporar "otro tú" a tu equipo? ¿Te has preguntado cómo conseguir que las personas a las que contratas se comporten del modo en el que a ti te gustaría? ¿Te gustaría que proveedores, colaboradores y empleados entendiesen perfectamente tu forma de ver y hacer las cosas?

La respuesta pasa por tener muy claro aquello a lo que das importancia y que valoras. El correcto establecimiento y comunicación de tus valores de marca es la mejor forma de transmitir tu ADN a tu negocio.

Si tienes pensado trabajar con un equipo de personas, tener un socio o contratar empleados, debes tener claro aquello que es importante para ti.

También es importante a la hora de subcontratar determinadas acciones o tareas de tu negocio.

Delegar con mayor tranquilidad y seguridad en que se van a hacer las cosas como te gustaría, se consigue habiendo establecido de antemano los valores de tu marca.

Los valores pueden ser tremendamente poderosos si consigues mantenerlos vivos dentro de tu cultura de empresa, pues definen la forma en la que se espera que las personas se comporten, establecen los motivos por los que se contrata o se despide, atraen a empleados y clientes que se identifican con tu marca, etc. Pero para que los valores cumplan su cometido deben concordar con la realidad, es decir, deben decir la verdad.

No vale con establecer unos valores determinados por el simple hecho de que "vendan" o "suenen bien".

Los valores representan la forma en la que te comportas incluso cuando no hay nadie mirando.

Hoy en día parece que los valores corporativos de todas las empresas son exactamente los mismos. No importa si es una empresa que fabrica aeronaves espaciales, un partido político o si vende refrescos con gas; integridad, excelencia o compromiso son valores que se repiten una y otra vez en todas y cada una de ellas, perdiendo su fuerza y significado.

Los clientes no somos tontos, ya no creemos todo lo que leemos o se nos dice sobre un determinado producto o servicio. Estamos cansados de valores estándar y frases genéricas que simplemente quedan bien. Internet y las redes sociales por fin nos permiten descubrir cuál es la verdad que se oculta detrás del muro que muchas empresas se encargan de construir a su alrededor. Antes, con el eslogan nos tenían en el bote, ahora hace falta mucho más. El poder de las empresas para maquillar la realidad y manipular las percepciones, con el fin de que adquieran sus productos y servicios, es cada vez más pequeño.

Tus valores no deben describir lo que quieres o pretendes ser, sino lo que eres realmente.

Es hora de decir la verdad.

A no ser que seas una "gran marca" con una cuenta millonaria con la que lavar tu imagen cada vez que te pillan haciendo exactamente lo contrario de lo que presumes, es decir, tus supuestos valores, te recomiendo que no prometas nada que no puedas o quieras cumplir.

Ha llegado un momento en el que para saber de qué carece una marca tan solo tenemos que echar una ojeada a sus valores. Es uno de los mejores ejemplos del "dime de qué presumes y te diré de qué careces". Triste pero cierto. No caigas en ello.

Así, nos encontramos a las grandes fuerzas políticas presumiendo y monopolizando su discurso con mensajes de transparencia al tiempo que practican estrategias de opacidad absoluta o vemos como grandes empresas como Zara colocan en la cúspide de su pirámide de valores la "ética profesional" mientras son expedientadas por casos de esclavitud.

Ejemplo:

Hace unos años asistí a una conferencia sobre branding impartida por Luis Chico de Guzmán, CEO de la conocida marca de zapatos Hispanitas, en la que este después de insistir durante más de dos horas en la importancia de transmitir sus valores de marca (felicidad) a todos los niveles, desde los empleados hasta los consumidores finales, terminó reconociendo durante el turno de preguntas que la realidad es otra, que ellos únicamente se preocupan por vender y que lamentablemente se habían olvidado de las personas[3].

Qué son y qué NO son valores de marca.

- Nuestros valores nos vienen desde la infancia, NO son una moda.
- Los valores representan nuestras acciones, NO nuestros deseos u objetivos.
- Los valores muestran quienes somos, NO quienes queremos ser.
- Nuestros valores están presentes cuando hay alguien mirando y cuando NO.

---

[3] *Quitando este pequeño desliz y alguna que otra incongruencia en su mensaje, tengo que decir que considero a Hispanitas un claro de ejemplo de cómo una empresa debe hacer las cosas.*

Partiendo de esta base, vamos a hacer un pequeño ejercicio de autoanálisis para identificar tus verdaderos valores y diferenciarlos de tus comportamientos deseados.

2.3.1. Brainstorming.

A. ¿Qué cosas te molestan?

Descubrir tus verdaderos valores pasa por conocerte perfectamente y saber qué cosas son aquellas que más detestas. Detectar lo que no te gusta o lo que no aceptas puede ser de gran ayuda para definir tus valores, pues lo opuesto será precisamente aquello que valoras. Por ejemplo, digamos que no soportas las mentiras por pequeñas que sean, ni siquiera las "mentirijillas" ni las "mentiras piadosas", entonces puedes deducir que uno de tus valores es la honestidad.

B. ¿Qué te dice tu infancia acerca de tus valores?

Te pido que te remontes a tu infancia, pues es donde empezaron a forjarse tus valores. Durante la infancia, te educaron de acuerdo a determinadas normas y estas fueron formando tus valores actuales. Quién eras, qué valorabas, qué no aceptabas y cómo te comportabas cuando eras niño dice mucho de tus verdaderos valores.

C. Cuando tú eres el cliente, ¿cómo esperas ser tratado?

Haz memoria acerca de tus propias experiencias como cliente, las buenas y las malas. ¿Cuáles han sido tus peores experiencias como cliente? ¿Cuáles superaron tus expectativas? ¿Te gusta tener cierta autonomía como cliente o prefieres no tener que preocuparte por nada? Como usuario, ¿Qué valoras por parte de la atención al cliente de otras marcas?

D. ¿Qué dicen tus acciones acerca de tus valores?

Nuestras acciones lo revelan todo acerca de nuestros verdaderos valores. ¿Cómo compites en la vida y en los negocios? ¿Qué tipo de comida eliges? ¿Cómo escoges a tu pareja? Todas tus acciones, no importa lo pequeñas que estas sean, dicen mucho acerca de tus valores. ¿Encuentras algún elemento común en ellas?

E. ¿Cuál es tu definición del éxito?

Si por encima de todo buscas ganar dinero, eso definirá la forma en que tomes tus decisiones, midas el rendimiento de tus empleados, etc. El extremo opuesto sería una persona que busca por encima de todo crear un impacto positivo en las personas y en el mundo. ¿Qué dice tu definición de éxito acerca de tus valores? ¿A quién consideras personas de éxito? ¿Qué tienes en cuenta para considerarlas como tal? ¿Cuándo considerarás que has alcanzado el éxito? ¿Qué estarás valorando para considerarlo así?

2.3.2. ¿Cómo redactar tus valores de marca?

Una vez que has explorado en profundidad aquello que realmente valoras, es hora de redactar tus valores de marca. Cuanto más sencillos de recordar sean mejor.

Veamos cómo redactar tus valores corporativos en dos sencillos pasos, de forma que conecten con tus clientes, empleados, socios, usuarios, etc.:

1. Hazlo sencillo: Elige de 3 a 5 valores que sean fáciles de recordar.
2. Hazlo memorable: Escribe tus valores en forma de eslóganes.

Ejemplo:

El mejor ejemplo que me viene a la mente es el de Royal Caribbean, empresa para la que trabajé cuando tenía poco más de 20 años y que todavía sigo recordando: "Deliver the Wow" Este genial eslogan, además, se correspondía al 100% con la realidad, pues todos los empleados nos regíamos por ese sencillo principio, tratando de asombrar a nuestros clientes sobrepasando sus expectativas en todas y cada una de nuestras interacciones con ellos.

Así que no te tomes a la ligera la elaboración de tus valores y te limites a copiar aquellos valores a los que recurren el 99% de las empresas. Si le dedicas el tiempo adecuado de reflexión y tienes en cuenta todo lo que te he explicado en este punto, conseguirás que tus valores constituyan un gran valor añadido que será reconocido y apreciado por tus clientes.

Estos valores harán la función de guía de comportamiento para ti y tus empleados en cualquier acción a realizar. Además, junto con la visión, te servirán de hoja de ruta cuando atravieses momentos difíciles.

2.4. Posicionamiento.

El posicionamiento de marca es el lugar que una marca ocupa, o aspira a ocupar, en la mente del consumidor.

No debe confundirse con "posicionamiento web" o "posicionamiento SEO", que es la posición que ocupa una página web en los buscadores de Internet (Google, por ejemplo).

2.4.1. ¿Por qué el posicionamiento es la decisión más importante que tendrás que tomar?

El posicionamiento de la marca es la decisión más importante y a la vez la más complicada por la que tiene que pasar todo emprendedor. La valentía a la hora de posicionarte en el mercado determinará en gran medida el éxito futuro de tu negocio.

El posicionamiento define por qué los clientes deberían elegirte a ti y no a tu competencia.

En este apartado descubrirás qué tipo de cliente quieres atraer y qué hace único a tu producto o servicio para definir el posicionamiento de tu marca.

Cuando un cliente me plantea crear la página web para su empresa, diseñar su identidad visual o gestionar alguna de sus redes sociales y le pregunto, ¿qué os hace diferentes o únicos?, las respuestas son siempre muy similares "ofrecemos productos de calidad", "somos los mejores en lo nuestro", "llevamos en el negocio más de X años", "somos únicos", etc.

Como explicaba uno de los ponentes de una conferencia de marketing a la que acudí hace unos años, cuando alguien utilizaba este tipo de frases para describir por qué su producto o servicio era único, él respondía: "Bueno, ¿y qué más?".

Y es que, al igual que ocurría con los valores, parece que todas las empresas emplean los mismos mensajes una y otra vez, perdiendo significado y poder de persuasión, por lo que se vuelven invisibles a ojos de los potenciales clientes.

Debes ser mucho, pero mucho más específico a la hora de definir tu posicionamiento y transmitir qué es lo que te hace único.

Es hora de ser valientes.

Definir correctamente tu posicionamiento no pasa solo por decidir a qué tipo de cliente te quieres dirigir, sino también a qué tipo de cliente NO te vas a dirigir. Esto significa que cuanto más específico seas, más clientes vas a dejar fuera de tu público objetivo. Y esto requiere mucho valor.

Cuando empezamos un negocio tendemos a pensar que cuanto más numeroso y variado sea el tipo de cliente al que podemos ofrecer nuestros productos o servicios más posibilidades tendremos de captar algún cliente.

Lo cierto, y esto es muy importante, es que **cuando todo el mundo es tu cliente, nadie lo es**.

No puedes ni debes ser todo para todos.

Cuanto más especializados sean tus productos y servicios, más posibilidades tienes de convertirte en una opción real para resolver las necesidades de tu cliente potencial.

Centrándote en los clientes que quieres atender estás concentrando tu energía donde debe estar y no tanto en competir con otros que hacen lo mismo que tú. No debes preocuparte por excluir cierto perfil de cliente. A veces debemos decir "no" para crear el espacio para decir "sí".

Cuando estés decidiendo tu nicho de mercado (grupo de personas al que se dirige tu oferta de productos y servicios) este debería parecerte incómodamente pequeño. Si la definición de tu público objetivo consiste en personas comprendidas entre 20 y 40 años, necesitas replantearte tu nicho y acotarlo mucho más.

Trata de poner cara a tu cliente ideal. Tenlo en mente e intenta contestar a preguntas como: "¿Qué edad tiene?", "¿Es hombre o mujer?", "¿Cuál es su poder adquisitivo?", "¿Qué cosas le motivan en la vida?", "¿Qué cosas detesta?", "¿Qué le preocupa?", "¿Cómo viste?", "¿Qué revistas lee?", "¿A qué marcas sigue?", "¿A qué personalidades o influencers admira?", "¿Qué le motiva a adquirir un determinado producto?", "¿Cómo se comporta en Internet?", "¿En qué redes sociales, foros, plataformas está presente?".

Este sencillo ejercicio te dará muchas pistas que te permitirán definir tu posicionamiento y te proporcionará una información muy valiosa para saber dónde encontrar y qué acciones realizar para atraer a tu cliente objetivo y conseguir que te compre.

2.4.2. ¿Cómo crear tu posicionamiento de marca?

Ahora vamos a explorar los motivos por los que quieres ser reconocido y a determinar la reputación que te gustaría construir para tu marca. Es importante que seas sincero en este punto. Es fundamental que te apasione y te sientas a gusto con el tipo de cliente al que vas a venderle. Por tanto, no debe ser una decisión fría basada únicamente en los beneficios potenciales del segmento de población elegido.

El objetivo final de definir tu posicionamiento es dejar de competir con la competencia. Debes ser único. El primer paso es determinar a quién estás vendiendo o quieres vender y qué estás vendiendo para poder crear tu posicionamiento de marca.

2.4.3. Brainstorming.

A. ¿A quién estás vendiendo?

- ¿Quién compraría tu producto o servicio?
- ¿Es hombre o mujer?
- ¿Qué edad tiene?
- ¿Cuál es su estilo de vida?
- ¿Dónde vive?
- Etc.

Cuantas más preguntas te hagas, más claro tendrás el perfil al que te diriges.

Ayuda mucho, ponerle nombre a tu cliente ideal y tenerlo siempre en mente.

Es posible que te dirijas a dos perfiles diferenciados de cliente, en este caso, realiza el ejercicio para cada uno de ellos.

B. ¿Qué estás vendiendo?

- ¿En qué categoría o industria compites?
- ¿Cuál es tu área de especialización?
- ¿Qué tipo de productos y/o servicios?

C. ¿Cuál es tu propuesta de valor?

- ¿Qué va a hacer que elijan tus productos y/o servicios frente a los de tu competencia?
- ¿Qué es aquello que solo tú puedes aportar? ¿Qué haces mejor que nadie?
- ¿Qué resultado aportas a tu cliente potencial que los demás no hacen?
- ¿Cómo consigues ese resultado de manera diferente y única a los demás?

Una vez que hayas contestado estas preguntas ya puedes concretar tu posicionamiento en una frase.

2.4.4. ¿Cómo sabrás que has acertado con tu posicionamiento?

- Tu competencia estaría celosa si salieses al mercado con esta estrategia.
- Tus colegas de profesión piensan que estás loco porque tu nicho es demasiado específico.
- Nadie de la competencia está haciendo lo mismo.
- El mercado descrito no está siendo servido actualmente.
- Las personas hablarán de ti y de tu marca porque es diferente.

CAPÍTULO DOS

Identidad formal

Llegados a este punto ya tendrás redactados de forma correcta tu misión, visión y valores de marca y habrás decidido la posición que quieres ocupar en el mercado.

Ahora que ya sabes quién eres y a dónde quieres llegar, es hora de trabajar la forma en la que quieres presentarte al mundo, la identidad formal de tu marca. Esta se divide en:

- **Identidad verbal**: naming, eslogan, vocabulario, tono de voz, etc.
- **Identidad visual**: logotipo, tipografía, colores corporativos, etc.

¿Por qué necesitas trabajar tu identidad formal "independientemente del tamaño de tu negocio"?

La identidad formal es uno de los aspectos más relevantes de cualquier negocio porque es la forma en que este logra transmitir a su público objetivo, su personalidad y aquellos rasgos que lo definen y diferencian.

Vamos a hacer un pequeño experimento. Yo te diré el nombre de una marca, y tú has de pensar en los primeros conceptos que esa marca lleva a tu cabeza:

- Media Markt
- McDonald's
- Apple
- Zara
- Coca-Cola
- BMW

Seguramente, lo primero que has visualizado al leer cada marca, es su logotipo (el símbolo que la representa). Y tras visualizar esos logotipos, seguro que han surgido en tu cabeza algunos valores o eslóganes que asocias a esas marcas de forma natural:

- Media Markt: tecnología barata, "yo no soy tonto"...
- McDonald's: sabroso, hamburguesas y patatas fritas, comida rápida, barato, "I'm loving it"...
- Apple: elitista, caro, diseño, estilo, innovación...
- Zara: ropa barata y con estilo...
- Coca-Cola: felicidad, burbujas, alegría, refrescarse cuando hace calor...
- BMW: fiabilidad, coches seguros, alto nivel adquisitivo, "¿Te gusta conducir?"...

Hay varios motivos que hacen posible este efecto. Los dos principales son:

1. Una gran presencia en publicidad:

No solo la cantidad de anuncios en medios que puedes ver de estas marcas, sino también la creación de eslóganes brillantes que calan en el subconsciente: *"Yo no soy tonto"*, *"¿Te gusta conducir?"* o *"I'm lovin' it!"*.

2. Un producto que responde a las expectativas:

Por mucho marketing que hagas, si las hamburguesas no están buenas, los ordenadores no ofrecen un buen rendimiento, o los BMW fallan más que una escopeta de feria, el mensaje no funcionará y el cliente no "interiorizará" la marca como positiva.

Pero todo esto no llegaría a ti como consumidor, si esas empresas no tuvieran una identidad formal bien definida. Unos símbolos, eslóganes, colores, nombres y tipografías concretas, usadas del mismo modo allá donde aparezca la marca. Todos estos elementos de la marca consiguen que los valores positivos de la misma (precio, calidad... lo que sea) queden asociados a esa imagen corporativa.

Esos **elementos formales actúan de disparadores en tu mente**. *Los ves u oyes, y click, brotan todos los conceptos y asociaciones en tu cabeza.*

Y, a pesar de su importancia, este es el punto en el que pequeñas y medianas empresas suelen bajarse del tren, creyendo que esto no va con ellas y que solo es para grandes marcas.

Aquí tienes **3 grandes motivos** para volcarte de lleno y dedicarle tiempo y esfuerzo a definir tu identidad formal, seas del tamaño que seas:

1. Las escalas no importan.

Esto es lo primero, y debes tenerlo claro: todos los grupos sociales funcionan más o menos igual.

Una multinacional tendrá que buscar la manera de llegar a millones de clientes en los cinco continentes, y tu empresa quizá solo necesite llegar al público online español, o incluso solo a tu población o a tu barrio. Da igual. Se trata de un conjunto de personas que no te conocen, que cuando te conozcan pondrán un valor a tu producto y tu servicio, y lo asociarán a tu imagen de marca.

La escala en la que sucede es irrelevante, lo importante es que la gente habla y comparte experiencias.

Una imagen de marca negativa es difícil de modificar.

2. Tu público necesita identificarte y recordarte fácilmente.

Para ser recordado, tanto el nombre de tu marca como tu identidad visual, son vitales.

Un buen nombre debe ser pegadizo, fácil de pronunciar. Debe resultar cercano. Dar la sensación de que siempre ha estado ahí.

Un logotipo y un eslogan bien escogidos, harán que tu público pueda recordar tu marca aunque no se queden de buenas a primeras con el nombre. Y fíjate si es importante, que todo esto puede derivar en el aumento de clientes que tus cuentas necesitan.

Para entenderlo fácilmente, te pongo un ejemplo. Puede que no todo el mundo recuerde el nombre "Media Markt", lo pronuncie o escriba bien. Puede que las personas no distingan esas superficies de otras parecidas. Pero cuando quieran comprarse algún equipo a buen precio, pensarán cosas como:

- Tengo que ir al sitio de los tontos a ver si hay cargadores para el móvil...
- Iré al "yo no soy tonto" a ver si tiene un disco externo por menos de...
- A ver... ¿Dónde estaba? ¡Ah mira, carteles rojos y un tío tocándose la cabeza! ¡Ahí!

Además, en muchos negocios, la recomendación supone una entrada de clientes importante. Por ello, si es fácil de recordar por alguno de los motivos expuestos, será mucho más probable que un cliente satisfecho recomiende tus productos y/o servicios a amigos, conocidos o familiares.

3. Necesitas ahorrar en tus presupuestos de marketing.

La partida de marketing puede ser un agujero negro en los presupuestos de cualquier empresa. No porque sea caro, sino porque **muchas veces se invierte sin orden ni estrategia de fondo**: *"Ahora hago SEO durante tres meses, ahora pongo unos anuncios en Facebook, ahora imprimo unos flyers a ver si así..."*.

La diferencia entre una empresa gigante y una pequeña simplemente es la escala del dinero invertido, pero el problema es el mismo: hay que tener una estrategia.

Partir de una buena identidad corporativa abarata mucho los costes de marketing a medio y largo plazo:

- Porque todas las campañas que realices parten de una misma base visual e icónica, ahorrando en tiempos y costes de diseño.
- Porque la difusión del mensaje, al lanzarse desde la misma base visual, se expande de forma acumulativa.

- Porque si existe una imagen de marca coherente y positiva, el resultado y efecto de las acciones realizadas será mucho mayor.

Una persona que al abrir su empresa llegó a 2.000 personas con unos flyers verdes, y luego a otros 4.000 en Facebook, con un logotipo azul definitivo que le diseñaron a posteriori... No solo ha tirado a la basura la inversión de los flyers, sino que tendrá que volver a invertir en llegar a esas personas con la nueva imagen.

Una persona que llegó a 6.000 personas desde el principio con una imagen corporativa definida, no solo ya ha llegado, sino que cualquier publicidad posterior *"lloverá sobre mojado"*, calando en el público a su favor.

Se trata de que cualquier persona, en cualquier parte y en cualquier momento, pueda identificar tu marca y recordarla de la misma forma.

3.1. Identidad verbal.

3.1.1. Naming.

Naming es el término utilizado para referirnos al proceso de selección, o a las técnicas de creación, del nombre de una marca.

Con el naming se busca que los consumidores, al escuchar tu marca, identifiquen el producto y le atribuyan las características que lo hacen único.

El nombre es el embajador más potente de cualquier marca. Es la tarjeta de presentación que el consumidor guarda en la memoria, la primera aproximación que se tiene con una marca.

Un problema en la fabricación, un error en el embalaje o un fallo en la campaña de publicidad son contratiempos que podrán generarnos más o menos quebraderos de cabeza, pero son rectificables, al fin y al cabo. Sin embargo, el nombre de una marca una vez que se ha lanzado al mercado, ya no tiene posibilidades de cambio.

En algunos sectores se abusa del facilismo, de las prisas, de la falta de estrategia, de recursos o de criterio. Afortunadamente, muchos se han dado cuenta de su importancia y ellos serán quienes alcancen el éxito.

Encontrar "el nombre perfecto" no es fruto del azar o del destino, es parte de una práctica cada vez más profesionalizada.

Utilizar el nombre como estrategia de negocio es algo fundamental.

Sin embargo, puede que hayas oído en alguna ocasión que el nombre en realidad no es tan importante. Lo cierto es que existen una serie de expertos o gurús del branding que, seguramente con el único objetivo de vender más libros y/o de alimentar su propio ego por ser capaces de defender lo indefendible, sostienen que el naming no es nada importante.

Entrevista a Jacob Benbunan (reconocido gurú del branding):

"El naming no es nada importante, empecemos por donde hay que empezar. Cualquier nombre vale. Y el que me lo quiera rebatir que me explique por qué alguien dice que un naming tiene que ser diferenciador y existe una compañía que se llame *General Electric* o *Ameriacan Airlines*. Si alguien dice que un nombre tiene que ser pequeño, que venga y me explique por qué existe un nombre como *Price Water House Coopers*. Si alguien quiere decir que un nombre tiene que ser fácil de escribir y de pronunciar, que me explique qué pasa con *Häagen Dazs* con *Schweppes*. Si alguien dice que no puede tener connotaciones negativas que me hable de *Rabobank* o *Virgin Atlantic*... y son todas marcas de mucho peso."

Pues bien, Jacob, tiene razón... a medias. Resulta que todas estas marcas tienen algo en común: mucho tiempo y, sobre todo, dinero. Si al igual que estas empresas, tú también puedes permite corregir todos tus despistes, meteduras de pata o incompetencias a golpe talonario, efectivamente, el naming no es importante. Ni el naming ni absolutamente nada. Pero aquí la cuestión es que no tengas que dedicarte a "apagar fuegos" con tus preciados ahorros o, peor aún, con los ahorros de otras personas. Por tanto, elegir un buen nombre, especialmente cuando tu presupuesto es limitado, es MUY IMPORTANTE.

Cómo dar con el nombre de tu marca.

Ha llegado la hora de exprimir tu imaginación. En base a los siguientes modelos de construcción sintáctica haz una lista de todo aquello que te venga a la cabeza, TODO:

- **Descriptivo**: Cuando el nombre se basa en la descripción literal. (Thai Airlines)
- **Abstracto**: Creamos un nombre inexistente. (Yoigo)
- **Sugerente**: Cuando es un nombre que habla del beneficio directo (Iberia Express)
- **Evocativo**: Cuando partimos de una raíz conocida y construimos algo nuevo. (Bankia)
- **Asociativo**: Cuando nos describe algo de forma conceptual (Champion)

¿Se te han ocurrido demasiados nombres? No te preocupes. Escoge tus 10-20 nombres favoritos y pásalos por los siguientes filtros o lista de consideraciones. Tendrás suerte si sobrevive más de uno:

Consideraciones a la hora de elegir tu nombre de marca.

A. Diferenciación de la competencia.

Si desde el principio, solo el nombre ya te permite destacar de tus competidores, es un buen punto de partida. Obviamente no te exime de la responsabilidad de continuar esforzándote, pero a nadie le viene mal un empujoncito, sobre todo al principio. Si quieres transmitir que no eres uno más entre tantos otros, parece lógico empezar a diferenciarte con la propia elección del nombre de tu marca.

B. Fácil de escribir y pronunciar.

La ciencia nos demuestra que un nombre sencillo es la mejor opción.

La *fluidez cognitiva* en psicología mide qué tan fácil es pensar en algo. Los psicólogos han descubierto que las acciones llevadas a cabo por empresas con nombres fáciles de pronunciar superan significativamente a aquellas con nombres difíciles de pronunciar.

Teniendo en cuenta que la fluidez cognitiva puede afectar al modo en que los consumidores gastan su dinero, las agencias de branding, suelen recomendar evitar:

- Iniciales.
- Palabras en una lengua diferente a la del mercado principal.
- Palabras que puedan ser pronunciadas de muchas formas diferentes.
- Palabras difíciles de pronunciar.

C. Uso internacional.

Piensa en grande. Si tu proyecto acaba saltando las fronteras nacionales es importante que esté preparado para ello. Un nombre que suena bien en español no tiene porqué hacerlo en otro idioma. Así mismo, un nombre sin connotaciones negativas en español, puede tenerlas al ser traducido. Pensemos en el ejemplo de Mitsubishi con su modelo "Pajero".

D. Registro de marca.

Debes verificar que no haya otra empresa que esté utilizando el mismo nombre. Omitir este trámite puede implicar un bloqueo de tu marca por parte de una empresa que quiera (y pueda) proteger sus intereses.

Personalmente, recomiendo que compruebes si la marca está registrada en tu país y en el resto de países donde consideres la posibilidad de poder extenderte en un futuro.

E. Dominio disponible.

Puesto que doy por hecho que necesitas tener presencia online de tu marca, el nombre elegido tiene que estar disponible como dominio y no registrado ya por otra persona. El más importante es el .com, pero es recomendable registrar al mismo tiempo el dominio nacional (por ejemplo ".es" si tu empresa es española).

F. Perfiles disponibles en las redes sociales.

No es absolutamente imprescindible, pero si el nombre de tu marca está disponible en las distintas redes sociales, tanto mejor. Si durante tu investigación ves que las redes sociales que estás comprobando no están registradas, no esperes, regístralas (es gratis) y luego ya decidirás si haces uso de ellas o no. Especialmente importantes serán aquellas que ya hayas decidido que van a formar parte de tu estrategia (Facebook, Instagram, YouTube, etc.).

3.1.2. Registro de marca.

Una mala decisión en el proceso de registro de tu marca es algo que puede salirte muy caro, ya sea porque sigas el tan extendido consejo de ponerte en manos de un abogado especializado en propiedad intelectual, ya sea porque decidas dejar el registro para "más adelante".

Durante las entrevistas realizadas en el proceso de investigación me encontré con ambos casos. En unas ocasiones los emprendedores decidían realizar el registro de su marca a través de un abogado, llegando a pagar cerca de 2.000€, y en otras, descartaban dicho registro por pensar que era algo muy caro (desde luego, con abogado lo era). Da la casualidad de que los primeros siempre pertenecían al grupo de los que en realidad contaban con un capital importante y los segundos al grupo que disponía de un presupuesto mucho más limitado.

Te voy a contar mi experiencia personal.

En su día, yo me encontré en el mismo dilema cuando me planteé registrar mi primera marca. Después de acudir a uno de estos despachos de abogados (asegurándome antes de que no me cobrasen la consulta) parecía que mis posibilidades de registrar mi marca eran escasas, pues los precios con los que trabajaban estos profesionales empezaban en los 700€. Digo "empezaban" porque según me comentó el abogado, "si todo iba bien", por tan solo 700€ tendría mi marca registrada. El problema estaba en que no supo explicarme en qué consistía exactamente aquello de que todo fuese bien. Ante mi insistencia acabó confesándome que el precio medio del registro de una marca era de unos 1.800€. Mira qué casualidad, el mismo precio que habían pagado los emprendedores entrevistados.

A pesar de que aquel precio ya era una razón de peso para no registrar mi marca con un abogado, el motivo definitivo fue que no supo explicarme las ventajas de hacer el registro con o sin su ayuda.

¿Por qué iba a contratar sus servicios entonces?

La razón por la que yo acudí a aquel despacho era porque había llegado a reducir mi lista de posibles nombres para mi marca a solo tres y quería saber cuál de ellos tendría más posibilidades de conseguir el registro, porque si después de los 8 a 15 meses que suele durar el proceso, finalmente este fuese denegado, tendría que elegir otro nombre, empezar de cero y... volver a pagar el nuevo intento de registro. Para mi sorpresa, en este despacho de abogados no supieron decirme cuál de mis tres opciones tendría más posibilidades de éxito y su mejor consejo consistía en que añadiese mi nombre al principio o al final de mis propuestas para asegurarme de que me concediesen el registro ¿Te imaginas, por ejemplo, Applestevejobs o Stevejobsapple en lugar de Apple? Yo tampoco.

Había seguido el que supuestamente era el camino correcto para que un emprendedor con recursos registrase su marca, ya era hora de descubrir cuál era el camino para un "emprendedor low cost".

En el caso de que decidas realizar el registro de tu marca por ti mismo, presta mucha atención a lo que voy a contarte a continuación:

En España las marcas se registran ante la Oficina Española de Patentes y Marcas (OEPM). Puedes realizar la solicitud del registro de una marca presencialmente en las oficinas de la OEPM (hay oficinas territoriales) o de forma electrónica. Este sistema conlleva una reducción de las tasas de solicitud del 15%.

Lo primero es tener claro en qué territorio quieres tener protegida tu marca. Puedes optar por nivel nacional, internacional o comunitario:

- Si solo vas a vender en España realiza el registro de una marca nacional.
- Si pretendes vender en toda la Unión europea, registra directamente una marca comunitaria, no necesitas realizar previamente el registro de una marca nacional.
- Si pretendes realizar el registro de una marca en cualquier otro sitio necesitas previamente tener registrada tu marca a nivel nacional o comunitario. Si ya lo tienes, adelante, puedes iniciar el trámite de registro de una marca internacional. Si no lo tienes, primero realiza el registro de una marca nacional o comunitaria y cuando la tengas registrada en firme inicia los trámites de la marca internacional.

Pasos a seguir para el registro de una marca nacional.

1. Elige el nombre, el logo o ambas cosas (marca mixta) y comprueba que no estén anteriormente registrados o existan marcas fonética o gráficamente parecidas. Si esto no se hace bien, pueden aparecer problemas en el proceso de registro, ya que puedes encontrarte con la oposición de otra marca que impida el registro de la tuya o en el mejor de los casos que el proceso se alargue unos cuantos meses más. Evita, en la medida de lo posible, parecidos y similitudes con otras marcas.

Esta búsqueda de marcas similares es gratuita y puedes realizarla a través del *localizador de marcas*[4] de la OEPM.

Los resultados de las búsquedas no son vinculantes, esto es, este buscador no garantiza que, aunque no encuentres similitudes, tu marca vaya a quedar registrada tal y como la solicitas. Es una herramienta de ayuda, no una herramienta que acredite o certifique la no existencia de similitudes. Por ello, te sugiero que hagas la búsqueda lo más exhaustiva y detallada que te sea posible.

2. Decide el número de clases en las que quieres registrar tu marca.

---

[4] *www.soykevinalbert.com/localizador-de-marcas*

Las "clases de marcas", "nomenclator" o "clasificación de Niza" son una clasificación de productos y servicios.

Cuando has decidido registrar una marca has de saber que todos los productos y servicios potencialmente registrables se pueden agrupar en 45 clases de marcas diferentes: 34 de productos y 11 de servicios. Así que cuando vayas a registrar tu marca tendrás que buscar qué clase o clases de marcas son las que corresponden a tus productos.

En definitiva, deberás registrar tu futura marca en todas aquellas clases de marcas o grupos que incluyan uno o varios de tus productos o servicios a comercializar.

Las tasas oficiales para una marca en una sola clase son de 144,58€ y de 93,66€ más para la segunda clase y cada una de las sucesivas, en caso de llevar a cabo la presentación de la solicitud en la OEPM o en alguna de las oficinas de representación.

En caso de que hagas la presentación telemática de la solicitud los importes anteriores se reducen a 122,89€ y 79,61€ respectivamente.

La primera vez que hice un registro existía una marca nacional muy parecida a la que yo pretendía registrar pero que pertenecía a una clase diferente. El consejo del abogado al que consulté fue que eligiese otro nombre. Sin embargo, puesto que llevaba varios meses buscando un nombre que cumpliese con todos los requisitos mencionados anteriormente, decidí probar suerte y finalmente se me concedió mi marca sin ningún problema.

3. Una vez que has elegido tu marca y las clases donde protegerla, es el momento de descargar la *solicitud de registro*[5] y rellenarla siguiendo las *instrucciones*[6] correspondientes.

4. Para realizar el **pago de las tasas oficiales** tienes que generar el modelo o carta de pago. Lo que deberás pagar estará en función, como he comentado en el paso 2, del número de clases donde hayas decidido proteger tu marca. Una vez que rellenes e imprimas este documento, deberás pagarlo en cualquier sucursal española de la Caixa.

Si dispones de un DNI electrónico o certificado digital, también puedes realizar el pago mediante tarjeta de crédito/débito directamente a través de la página web de la OEPM.

5. Los examinadores de la OEPM estudiarán tu solicitud.

La tramitación de la solicitud tiene una duración aproximada de entre 8 y 15 meses. Si no existe ningún defecto de forma ni hay oposición de otra marca, tendrás registrada tu marca habiendo invertido menos de 150€, una cantidad que dista mucho de los 700-1.800€ que habrías pagado de haberlo hecho a través de un abogado.

---

[5] *www.soykevinalbert.com/solicitud-de-registro*

[6] *www.soykevinalbert.com/instrucciones-oepm*

La resolución se te comunicará por escrito al domicilio o al medio de comunicación preferente que hayas indicado en tu solicitud junto a una dirección URL, desde la cual podrás descargar el título de registro del mismo.

¿Qué puedes hacer si hay una oposición a tu marca?

1. Lo primero que debes de saber es que es normal que te encuentres con alguna oposición a tu marca. Si has hecho las cosas bien, no tienes porqué asustarte.

Una oposición debería realizarse porque tu marca es similar a otra ya existente, presenta algún parecido gráfico, etc. Digo "debería" porque resulta sorprendente el número de oposiciones con alegaciones que no se sostienen por ningún lado.

Así que la pregunta sería por qué existen tantas oposiciones con alegaciones sin sentido. La razón es que muchos titulares de marcas tienen contratado con el abogado que realizó su registro un **servicio de vigilancia** por el que pagan un canon anual. Esto significa que el abogado debe de justificar este canon, haya o no motivos para realizar dichas oposiciones. Además, por cada oposición que realice percibe nuevos honorarios, a parte del canon, por supuesto. Buen negocio ¿verdad?

2. Una vez que **la OEPM te comunica formalmente que hay una oposición a tu marca**, tu solicitud queda en suspenso de fondo por oposición. A continuación, se publicará en el BOPI y a partir de esta fecha de publicación, cuentas con un mes para presentar tus alegaciones.

Estas alegaciones has de presentarlas ante la OEPM. Puedes hacerlo en persona en cualquiera de sus oficinas territoriales, por correo o de forma electrónica. Te aconsejo que no apures los plazos, para evitar cualquier inconveniente.

Si en la solicitud de registro de tu marca indicaste un correo electrónico, antes de recibir esta comunicación formal, recibirás un email en el que te anticipan que tu marca queda en suspenso por la oposición de un tercero.

3. Ya puedes **descargar el pliego de alegaciones de la marca oponente** y consultar quién realiza la oposición, los datos distintivos de su marca (nombre, logo...) y en qué clases está registrada.

Lo habitual es que en el pliego de alegaciones te encuentres con 30 o 40 páginas en las que se repiten más de una vez las mismas parrafadas con leguaje estudiadamente técnico. No te agobies, piensa que en la mayoría de las ocasiones detrás de estas alegaciones ininteligibles tan solo hay un abogado caradura tratando de justificar sus honorarios.

4. Una oposición a una marca tiene un coste de 43,70€ independientemente del número de clases solicitadas. Este coste es para quien se opone a tu marca. Tú no tendrás que pagar ningún tipo de tasa por contestar a esta oposición y aportar tus alegaciones. Existe un **formulario oficial para contestar este suspenso por oposición**, pero no existe ningún modelo oficial de escrito para desarrollar estas alegaciones. Puedes utilizar como guía el escrito que recibas del oponente e ir rebatiendo los puntos que entiendas esenciales para tu defensa.

No apoyes nunca tus alegaciones en opiniones o apreciaciones subjetivas, tampoco en descalificaciones hacia la marca que se opone a la tuya. Analiza a fondo las argumentaciones del oponente, tómate tu tiempo para leer con detalle su oposición y toma notas de lo que no te cuadre, ya que muchas cosas carecen por completo de sentido.

5. Una vez que presentas tus alegaciones, un examinador de la OEPM tendrá que leer con detalle la oposición de la marca oponente, tus alegaciones y **decidir si tu marca puede inscribirse** y coexistir con la oponente o no, o si puede hacerlo de forma total o parcial. Esto se puede alargar un mínimo de dos meses desde que presentas las alegaciones.

Tanto si finalmente se dictamina a favor de tus intereses o de los de la marca oponente, **se dispone de un nuevo plazo de un mes para presentar un recurso de alzada por ambas partes**. Si has ganado tú este asalto, hasta que no trascurra más de un mes no sabrás si la marca oponente ha planteado un recurso de alzada.

3.1.3. Storytelling.

Tu nombre de marca debe ser capaz de despertar conexiones emocionales en el usuario y para ello el storytelling puede serte de gran ayuda.

El storytelling consiste en contar una historia de forma que genere una conexión emocional con los clientes potenciales.

Sabemos que las personas tomamos decisiones como consecuencia de una o varias emociones, y no tanto de forma racional. Posteriormente, usamos la razón para justificar decisiones que ya hemos tomados a través de la emoción, un hecho muy importante a tener en cuenta. El storytelling busca esa conexión emocional.

Aplicar el storytelling de forma correcta a la hora de crear tu nombre de marca puede suponer un arma tremendamente poderosa que no debes desaprovechar.

Si detrás de tu nombre de marca hay una buena historia que quede grabada en la memoria de tus clientes y potenciales clientes, aumentará la retención de tu marca por parte de estos y su posterior difusión a terceros.

No pierdas esta oportunidad de dejar huella en tu público objetivo desde el principio.

Lo peor que puede ocurrirte es que alguien te pregunte qué significa el nombre de tu marca y tú le tengas que decir, "no, en realidad no significa nada". Es como si no te importará lo que estás haciendo. Habrás perdido la primera oportunidad de aplicar el storytelling para fomentar el boca a oreja de tu proyecto.

Cómo usar el storytelling.

A. Dale un significado al nombre.

Seguramente sepas que el nombre de "Nike" está inspirado en la diosa griega de la victoria: Niké, por lo que viene a la perfección con la filosofía de la marca referente al deporte.

A todos nos encantan las curiosidades y estas se transmiten de manera viral de una persona a otra.

B. No tengas miedo de parecer friki.

No te debería preocupar demasiado parecer un friki, pues en ocasiones, cuanto más loca sea la historia, más va a llamar la atención. Es como cuando ves algún anuncio en la tele y piensas "¿WTF?". Igual te toman por loco, pero por lo menos hablarán de ti.

C. Cuenta cómo has tenido la idea.

A las personas les interesa saber cómo has tenido la idea del nombre de tu marca porque les gusta saber que detrás de las marcas hay personas y quieren conocer quién es la persona y su recorrido previo antes de lanzar su proyecto. Influye mucho tu situación laboral, tus amigos, tu entorno o las circunstancias del momento en el que te decidiste por el nombre de tu marca. ¡Cuéntalo!

D. Tienes que estar convencido.

No te inventes una historia por el simple hecho de que pienses que llamará más la atención. Cada vez que lo cuentes, las personas que te escuchan tienen que ver el brillo en tus ojos. Tiene que ser una historia de las que estás 100% convencido para conseguir dejar huella en aquellos que te escuchan.

Como en casi todo, hay excepciones.

Si en tu caso particular piensas que ser auténtico y contar la historia real que se esconde detrás de tu nombre de marca puede perjudicarte, tal vez sea mejor que te des la licencia de modificarla ligeramente.

Ejemplo:

Durante una entrevista radiofónica, el fundador de la reconocida marca de calzado *Pikolinos*, decidió contar como nació el nombre de su marca. Según explicó, encontrándose en un prostíbulo italiano con otros empresarios españoles, le llamó mucho la atención la palabra que las prostitutas utilizaban para referirse a él y al resto de sus compatriotas, aludiendo a su pequeña estatura, y ni corto ni perezoso decidió utilizar este término para bautizar a su empresa.

3.1.4. Eslogan.

En la construcción de tu marca debes tener como objetivo definir una propuesta de valor relevante, una promesa de marca memorable para tu audiencia.

El eslogan, es el resumen de tu propuesta de valor como marca, y forma parte de tu identidad.

Existen muchos elementos capaces de reforzar esta propuesta de valor, pero si hay algo que te ayudará a focalizar este mensaje es el **eslogan o tagline**, una frase corta que sintetiza la promesa que hace tu empresa.

El eslogan es una gran oportunidad para despertar emociones en tus clientes potenciales, conseguir que sonrían, hacerlos pensar o darles una pequeña muestra de lo que pueden esperar de tu empresa.

Tu eslogan debe abarcar o transmitir la esencia de tu marca, su personalidad y las características que la diferencian del resto de marcas del mismo sector.

¿Por qué usar un eslogan?

- Ayuda a reforzar el significado de marca.
- Sintetiza tu propuesta de valor.
- Te define y te diferencia.

¿Qué premisas debe cumplir un buen eslogan?

- Tiene que ser corto y memorable.
- Debe definir quién eres, qué haces y por qué eres importante para tus clientes.
- Debe ser flexible ya que si no está bien construido puede suponer un freno para un futuro cambio de rumbo.
- Es necesario que sea atemporal, pues es un elemento estratégico de marca a largo plazo.

Son muchos requisitos para una pequeña frase, lo sé, pero no te preocupes, a veces es difícil cumplir con todas y cada una de las premisas. No pasa nada, tu eslogan no tiene que hacer todo el trabajo por sí solo, lo más importante es que tengas en cuenta que este debe alinearse con el resto de elementos que conforman tu marca.

¿Cómo crear un eslogan poderoso?

Una buena manera de comenzar a crear el eslogan es destilar todo lo que has aprendido hasta ahora en capítulos anteriores, incluyendo la misión, visión, valores y posicionamiento y tratar de simplificarlo en una frase sencilla.

A. Brainstorming.

Haz una lista de palabras o conceptos para cada una de las siguientes categorías:

- Tu marca o tu negocio.
- Qué es lo que haces y qué productos y/o servicios ofreces.
- Cómo lo haces.
- Cuál es tu punto de vista.
- Cuál es tu personalidad, qué te gustaría transmitir a tus clientes.

Puedes usar adjetivos, nombres, verbos... cualquier palabra o frase que te venga a la mente en cada categoría. También puedes preguntar a amigos, familiares, clientes o conocidos, ya que siempre viene bien tener información externa.

B. Selección de las mejores palabras.

A continuación, selecciona 5-10 palabras de tu lista.

C. Integración con nombre y logo.

Pon las palabras seleccionadas junto al nombre y logotipo de tu negocio y comprueba que haya conexión entre ellos.

Observa si hay alguna palabra que no termina de encajar con el nombre o el logo y si es así, elimínala.

D. Creación del eslogan.

Realiza diferentes combinaciones a modo de frases cortas con las palabras elegidas. Trata de condensar la esencia de tu marca.

¿Cómo saber que has dado con un buen eslogan?

- Te hace sonreír.
- Te hace replantearte tu forma de pensar.
- Refleja tu personalidad o actitud.
- Juega con un doble significado.
- Es conciso.
- Es memorable.
- Se adapta al logo y nombre de marca.
- Es diferente al de la competencia.
- Llama la atención.
- No crea confusión.
- Genera deseo o necesidad al que lo lee o escucha.
- Dice mucho más que las palabras que lo forman.
- Crea curiosidad.

3.2. Identidad visual.

3.2.1. Logotipo.

El logotipo es la representación gráfica de la marca, convirtiéndose en la manifestación más visible de la empresa en el mercado objetivo. Aparece en la papelería, página web, tarjetas de visita, publicidad, etc.

Por esta razón, no debes menospreciar ni tomar a la ligera el diseño de este y debe ser una parte esencial de tu estrategia global de branding. De la misma forma que un logotipo bien diseñado contribuye al éxito de la empresa, ayudando a dirigir a nuevos clientes potenciales hacia la selección de tu marca en lugar de la de un competidor, un logotipo deficiente o la ausencia de logotipo puede llegar a ahuyentar a posibles clientes, ya que implica poca profesionalidad. Además, pierdes posibilidades de ser la opción elegida en el proceso de decisión de compra.

Tipos de logotipos.

Aunque, como comentaré un poco más adelante, no soy partidario de que seas tú quien se encargue del diseño del logotipo de tu marca, sí que es importante que conozcas las diferentes clases de logos que existen para poder dar las indicaciones pertinentes al diseñador con el que decidas trabajar.

A. Logotipo: representación tipográfica.

B. Isotipo: símbolo gráfico.

C. Isologo: en este caso, el texto y el icono se encuentran fundidos en un solo elemento. Son partes indivisibles de un todo y solo funcionan juntos.

D. Imagotipo: es un conjunto en el que texto y símbolo se encuentran claramente diferenciados y pueden funcionar por separado.

Diez características que debe tener un logo bien diseñado.

A la hora de diseñar el logotipo son muchos los aspectos que debes tener en cuenta. Personalmente considero que cumplir con todos ellos es algo muy complicado, así que seguramente te toque elegir cuáles son los aspectos más importantes en tu caso particular.

1. Simplicidad.

Un logotipo es un impacto de 1 o 2 segundos, por lo que imágenes demasiado elaboradas serán incomprensibles. Es mucho mejor trabajar con formas poco complejas, simplificar al máximo y tener mucho cuidado con los colores.

2. Legibilidad.

Al igual que el símbolo, la tipografía (en general) debe ser clara, fácil de leer y a poder ser, personalizada, para que cualquiera pueda identificar la tipografía con la marca, incluso sin tener delante el logotipo.

3. Representatividad.

El logotipo debe reflejar los valores de la empresa y, si es posible, ser lo suficientemente descriptivo con la actividad de la misma.

4. Memorabilidad.

Para hacer sobresalir un logotipo de entre todos los que existen este debe de ser fácilmente recordable. El logotipo debe remitirte inmediatamente a la marca a primera vista. Un logotipo se vuelve memorable cuando una persona lo ha visto solo una vez y es capaz de describírselo a alguien más.

5. Visibilidad.

Para que un logotipo sea recordado por una persona, antes es necesario que atraiga su mirada. Si el logotipo no causa un impacto visual y pasa desapercibido, será imposible que este perdure en la mente de los consumidores.

6. Originalidad.

La representación gráfica de tu empresa debe destacar sobre las demás, debe tener algo que la haga diferente, única y recordable.

7. Durabilidad.

En el momento de crear un logotipo es fácil sentirnos influenciados por las tendencias del momento, pero para que un logotipo funcione a lo largo del tiempo debemos dejar esas tendencias de lado y conseguir un logotipo atemporal que no envejezca con el tiempo. Ojo, esto no significa que no sea posible realizar modificaciones futuras. Grandes marcas como McDonald's o Starbucks han ido modificando sus logotipos, pero siempre sobre el mismo concepto, se puede decir que han evolucionado con el tiempo.

8. Adaptabilidad.

El logotipo tendrá que ser aplicado en diferentes formatos, tamaños, colores, etc. por lo que en el momento de su creación debes prever todas esas variantes y dotar al logotipo de suficientes recursos como para funcionar correctamente pase lo que pase, tanto a nivel de colores, como de tamaños, formatos, etc.

Así que, es el momento de pensar muy bien todos los sitios y formatos en los que querrás plasmar tu logotipo (ahora o en el futuro), pues te ahorrarás mucho tiempo, dinero y dolores de cabeza.

Ejemplos:

- Bordado.
- Serigrafía.
- Formato cuadrado y rectangular.
- Formato miniatura (icono web).
- Sobre fondos de distintos colores.
- Etc.

9. Veracidad.

Un logo no debe engañar, debe mostrar una realidad (o al menos las partes positivas de ella). De poco servirá dotar al logotipo de unos valores si después estos no se ven representados en la empresa.

10. Color.

La elección del color es esencial en un logotipo, por lo que habrá que tener en cuenta las distintas aplicaciones del logotipo y sus posibles versiones cromáticas para el buen funcionamiento del mismo en cualquier soporte.

Debes saber que, al determinar los colores de tu logo, estás eligiendo tus colores corporativos. No te preocupes, trataré el tema del color con más detenimiento en el siguiente apartado.

¿Cómo diseño mi logotipo?

Para empezar, debo aclarar que, como parte de mi investigación, he acudido a diversos cursos sobre "como diseñar tu propio logo" para ver si conseguían hacerme cambiar mi idea de que un logotipo debe ser siempre diseñado por un profesional. Me habría encantado que así fuese y poder decirte que con un poco de práctica puedes llegar a ahorrarte la inversión en el diseñador que se encargue de la creación de este, pero no ha sido así. El propósito de estos cursos únicamente es el de enseñarte a utilizar una determinada herramienta de diseño (Photoshop, Inkscape, etc.), y esto no es suficiente. Ciertamente puedes aprender a trazar una forma determinada, aprender a vectorizarla e incluso conocer el uso de los diferentes colores para ayudarte a transmitir las connotaciones que quieres asociar a tu marca. Sin embargo, nada de esto te proporcionará el talento creativo que posee un diseñador profesional y que es la base de un buen logotipo.

Entonces, te preguntarás ¿Cómo diseño mi logotipo? O mejor dicho ¿Quién diseña mi logotipo?

Afortunadamente (para ti), llegados a este punto, a la mayoría de empresarios y emprendedores "se les enciende la bombilla" y se acuerdan del aquel primo que estudió bellas artes o, peor aún, de sus propias habilidades con el manejo de Photoshop. Y digo afortunadamente porque, como consecuencia de esta tendencia, si tú haces las cosas como corresponde, destacarás sobre todos ellos.

Tu logotipo se va a convertir en la insignia de tu marca y va a estar presente en todos y cada uno de los elementos y soportes de comunicación y acción comercial. Por tanto, dada su importancia, el logotipo debe ser creado por un profesional.

Ya sé que estamos hablando de branding low cost y que si alguna vez has oído hablar en algún medio de comunicación acerca de la creación del logotipo de una gran (o no tan gran) marca, estos hablaban de presupuestos de entre 4 y 6 dígitos. Y lo cierto es que, estas cifras no están muy lejos de las que encontrarás si acudes a una agencia de publicidad o branding.

Como siempre, para afirmar algo así, primero me he dedicado a investigarlo por mi cuenta y en esta ocasión, además, tuve la oportunidad de comentarlo muy abiertamente con varios de los emprendedores a los que entrevisté. Uno de ellos llego a confesarme que en su búsqueda de una agencia de publicidad que diseñase su logotipo, se encontró barajando presupuestos que iban de los 13.000 a los 30.000€ y que finalmente recurrió a un conocido al que se le daban bien "estas cosas" y que se lo hizo por tan solo 2.500€ ¡Todo un chollo, vamos!

Entonces, si te estoy recomendando que recurras a un profesional para la creación de tu logotipo, siendo los precios de mercado tan elevados ¿Dónde está el low cost?

¿Recuerdas ese secreto por el que la "industria del branding" me tiene tanto miedo y me veta sistemáticamente en cualquier conferencia sobre este tema?

Lee atentamente, porque lo que estoy a punto de contarte te permitirá ahorrarte mucho, mucho dinero.

EL SECRETO 1/2

Pues bien, el secreto que las agencias de branding y muchos "profesionales" del sector no quieren que conozcas es la existencia de **marketplaces[7] especializados en los que podrás contratar a grandes expertos en diseño, programación, marketing, etc.** por una fracción del precio que te costaría ese mismo servicio en cualquier agencia de publicidad o branding.

¿Cómo es posible?

Fácil, estas plataformas te permiten contactar con freelancers que trabajan desde su propia casa, por lo que en sus facturas no tendrás que pagar las lujosas instalaciones "imprescindibles" en cualquier agencia de branding que se precie. Claro, una agencia que vende branding no puede permitirse descuidar el suyo propio, ¿no? Tampoco tendrás que correr con los gastos derivados del mantenimiento y gestión de estas bonitas y céntricas agencias: departamento de atención al cliente, personal de limpieza, comerciales, abogados, gestorías, gastos en comidas y fiestas de empresa, etc. Solo esto ya supondría una diferencia

---

[7] *Un marketplace es un espacio virtual que pone en contacto freelancers de todo el mundo con empresas o particulares que buscan profesionales con talento.*

de presupuesto más que considerable. Pero lo más importante, **podrás trabajar con freelancers de países donde la moneda es mucho más barata** que en España, los salarios son mucho más bajos pero su nivel de formación es el mismo o superior, con lo que **obtendrás los mismos resultados por mucho menos dinero.**

EL SECRETO 2/2

Por si no fuese suficiente el hecho de intentar que no conozcas este tipo de plataformas y que puedas así comparar calidades y precios para tomar tu propia decisión sobre a quién vas a contratar, muchas agencias de branding guardan un secreto todavía más perverso... **Las propias agencias utilizan estas plataformas** cuando reciben el encargo de un incauto cliente. Es decir, tú encargas un logotipo (o cualquier otro trabajo) a una agencia, esta pasa tu encargo a una de estas plataformas como "trabajo privado" (para evitar que puedas "pillarlos"), abona una cantidad todavía menor de la que estas mismas plataformas te cobrarían a ti, porque ellos son clientes habituales, con sus respectivas condiciones especiales (que puedes leer en las propias condiciones de uso de estas plataformas), y finalmente te entrega el encargo que ha realizado un freelance, por un precio más que razonable, pero añadiéndole uno o dos ceritos. En realidad, hacer de intermediario y cobrar por ello no tiene nada de malo, pero hacer de intermediario sin que el cliente lo sepa y además multiplicar el presupuesto por 5, 10 o más veces, es de tener mucha cara.

¿Y ahora qué?

Ahora que ya conoces **EL SECRETO**, te voy a enseñar a utilizar los mejores marketplaces para cada tipo de tarea relacionada con la creación de tu marca.

Cada plataforma tiene su propio sistema y sus pequeños trucos para sacarle el máximo partido y conseguir los resultados que buscamos.

Nota: *Aunque existen plataformas más económicas que las que yo comentaré, he decidido no incluirlas porque, una vez más, lo que pretendo con este libro es crear marcas con la misma o mayor calidad que conseguiríamos contratando una buena agencia de branding y no únicamente "resultados aceptables".*

TORNEO DE LOGOTIPOS

¿Qué te parecería si tu logotipo lo diseñase, no un profesional, sino decenas de profesionales y que estos preparasen cientos de propuestas de diseño entre las que pudieses elegir la que más se adaptase a tus gustos y necesidades y trabajar sobre esta propuesta hasta conseguir el logotipo perfecto? ¿Y si pudieses tener todo esto por menos de 300€ y, además, si no quedases satisfecho te devolviesen tu dinero?

Pues eso es precisamente lo que ofrecen plataformas como *99designs*[8] o *Freelancer*[9].

Nota: *Cuando entres en estas plataformas verás que ofrecen otros servicios además del diseño de logotipos. Para estos servicios veremos mejores opciones más adelante.*

¿Cómo funciona?

99designs.

1. Escribe un briefing de tu logotipo.

Lo primero es explicar en consiste tu negocio y cómo es el logotipo que estás buscando. Para ello nos va a ser muy útil todo lo aprendido en este apartado. Tómate tu tiempo. Cuantos más detalles, mejores serán los diseños que te ofrezcan.

a) Indica que tipo de logotipos te gustan.

Te mostrarán más de 100 ejemplos de diferentes logotipos y tendrás que elegir aquellos que más encajen contigo y con tu empresa. A la hora de hacer tu elección, acuérdate de los tipos de logotipos que hemos visto anteriormente en este mismo apartado.

---

[8] *www.99designs.es*

[9] *www.freelancer.es*

b) Elige el estilo de tu marca.

- Clásico o moderno
- Adulto o juvenil
- Femenino o masculino
- Económico o lujoso
- Abstracto o literal
- Etc.

Recuerda siempre tener en mente la esencia de tu marca, su personalidad, la propuesta de valor, lo que deseas transmitir...

c) Selecciona uno o varios colores para tu marca.

Recuerda que el color es muy importante a la hora de ayudarte a transmitir aquello que quieres comunicar (más detalles en el apartado siguiente).

2. Elije un paquete de diseño.

Los distintos paquetes que ofrecen los clasifican en bronce, plata, oro y platino.

Los paquetes van desde el más básico por solo 259€ en el que recibirás aproximadamente unos 30 diseños realizados por buenos diseñadores, hasta el más profesional por 1.199€ en el que recibirás unos 60 diseños realizados por diseñadores seleccionados directamente por 99designs.

Todos los paquetes ofrecen una garantía de devolución del 100% de tu dinero y la totalidad de los derechos de autor del diseño final. Además, debes saber que todos los paquetes incluyen el precio de tu diseñador, junto con las tasas y comisiones.

En este punto podrás convertir tu pedido en privado por solo 35€ más. Seguro que ya te imaginas a quien le interesa mucho esta opción, ¿verdad?

Además, tienen un equipo de atención al cliente para resolver todas tus dudas y una consulta de diseño gratuita.

Freelancer.

Para competir con 99desings, la plataforma Freelancer decidió añadir la opción "concurso" a sus servicios. De esta forma, al igual que en 99designs, en lugar de elegir a un solo profesional para ayudarte con tu logotipo, serán decenas o cientos de diseñadores los que te envíen sus propuestas y tú decidirás quien merece ser el ganador.

Preparar un concurso en Freelancer es muy sencillo. Una vez dentro de su página web, pincha en el botón «Publica tu proyecto» que aparece arriba a la derecha. Describe tu proyecto e indica qué habilidades deben tener los freelancers que participen (por ejemplo: diseño gráfico, ilustración, Photoshop, …). Ahora te preguntará cómo te gustaría encargar el trabajo, es decir, si «Publicar un proyecto» o «Iniciar un concurso». Una vez hayas seleccionado «concurso», elige tu presupuesto, cuántos días quieres que dure la competición y si quieres que el premio esté garantizado[10]. Eso es todo.

Cómo ves, tu única tarea consistirá en elegir en qué plataforma crear tu concurso y acto seguido tendrás a decenas de diseñadores profesionales de todo el mundo trabajando en diferentes propuestas para tu logotipo por hasta 100 veces menos de lo que te habría constado una sola propuesta en una agencia de branding tradicional.

¿Empiezas a entender por qué no caigo nada bien a las agencias de branding?

---

[10] *Esto quiere decir que garantizas que, aunque ninguna propuesta llegue a convencerte del todo, elegirás una a la que otorgar el premio.*

3.2.2. Colores corporativos.

El color de una marca puede llegar a influir entre el 60% y el 80% en la decisión de compra de un producto. Cada color evoca diferentes sensaciones, emociones y sentimientos en la mente del ser humano, por lo que es muy importante elegir los colores adecuados.

Por todo esto, la elección de los colores corporativos de tu marca es tan sumamente importante.

Elegir los colores corporativos no es solo una cuestión estética. En función del tipo de empresa (o profesional) que seas, los productos o servicios que vendas y los valores que quieras transmitir, deberás elegir unos u otros colores para atraer al tipo de cliente adecuado.

La elección de los colores corporativos adecuados coherente con una estrategia de branding bien definida contribuye a:

- **Comunicar y conseguir una sensación** en el público más allá del propio mensaje. Evocar de un solo vistazo las emociones que queremos que el cliente potencial experimente.
- **Distinguirnos y destacar sobre** la competencia.
- **Conectar** con el público objetivo.

Qué transmite y simboliza cada color (Personalidad del color).

- El **Rojo:** Color emocionalmente fuerte, sugerente y provocativo. Simboliza la pasión y la intensidad. También está relacionado con la energía y es un color que transmite una cierta urgencia, útil para usar por ejemplo en destacados de promociones. Tiene la propiedad de acelerar el corazón y abrir el apetito.

- El **Azul**: Al contrario del rojo, es un color que transmite calma y tranquilidad. Es el color más natural y más visto por el humano, al ser el color del cielo y del mar. También es el color de la masculinidad. Aumenta la confianza, por no ser nada agresivo.

- El **Amarillo**: Simboliza alegría, felicidad, inteligencia, energía. Es un color joven, que transmite positivismo y claridad. Provoca sensaciones agradables y alegres. Favorece la comunicación y estimula los procesos mentales. Un dato curioso, es el color que hace llorar a los niños con más facilidad. Al considerarse un color desenfadado, parece que no sería adecuado para productos o servicios de alto nivel.

- El **Naranja**: Combina la energía del rojo y la felicidad del amarillo. Color cálido, transmite entusiasmo y excitación. Se asocia con la alegría, el sol y el trópico. Un logo naranja nos parece amigable y alegre. Provoca la acción en el consumidor. Conecta muy bien con el público joven.

- El **Verde**: El color de la salud, de la tranquilidad, del medio ambiente. El ojo humano distingue más tonos de verde distintos que de ningún otro color. Simboliza el relax y el cuidado personal. El verde oscuro apagado se relaciona con el dinero y sería adecuado para negocios relacionados con finanzas, banca, economía...

- El **Púrpura**: Es el color de la creatividad, de la imaginación y también del misterio. Históricamente, es un color muy usado por los reyes, y por lo tanto simboliza riqueza, poder y sabiduría. Es un color calmante.

- El **Rosa**: Es el color de la feminidad, de la energía sin agitación. Transmite delicadeza, inocencia y amabilidad. Es el color del mundo de los sueños y de lo irreal.

- El **Blanco**: Sugiere simplicidad, pureza, bondad, verdad, limpieza, higiene y también perfección. De ahí que sea utilizado por empresas relacionadas con la salud y ayuda a los demás y por aquellas que quieran proyectar simplicidad.

- El **Negro**: Representa poder, valentía, elegancia, sobriedad, formalidad. En el caso de una empresa podría transmitir un mensaje de seriedad.

Vista la importancia que los colores tienen en el éxito de tu marca y aunque, en principio es recomendable que te dejes asesorar por el diseñador gráfico, conocer la psicología de los colores te ayudará a tomar decisiones fundamentadas en algo más que tus gustos personales.

Otro aspecto a tener en cuenta en la elección del color es el público objetivo al que se dirige tu negocio. Según la edad, género u otras características de tu cliente ideal, deberás valorar unos u otros colores.

Los usuarios de Internet y los consumidores en general, son susceptibles de sentirse influidos por el color a la hora de comprar, al mismo tiempo que, el color les genera atracción y una percepción positiva de unas marcas y no otras.

3.2.3. Tipografía corporativa.

A día de hoy la escritura sigue siendo uno de los transmisores de información más importantes y por lo tanto también un medio a tener muy en cuenta en la creación de una marca.

El objetivo de la tipografía corporativa es aplicar unas normas de diseño tipográfico en toda la comunicación escrita de la empresa, tanto a nivel online como offline. Así, estas normas deberás aplicarlas tanto en la comunicación externa (anuncios, folletos, catálogos, etc.) como en la interna (cartas, albaranes, facturas, presupuestos, presentaciones, etc.).

Como sucedía con los colores, la elección de la tipografía también es importante. De la tipografía y del resto de elementos que conforman tu marca, se desprenderá el mensaje y los valores que pretendes transmitir.

Según la intencionalidad de lo que quieras comunicar como marca, deberás optar por una u otra tipografía.

La tipografía o fuentes de letras deben ser coherentes con todo aquello que la empresa representa, y por tanto deben ser un reflejo de los valores que posea tu marca en particular.

3 aspectos básicos a tener en cuenta para la elección de tu tipografía corporativa.

Aunque no existen reglas fijas para la elección de la tipografía de una marca, sí conviene conocer algunas pautas básicas que te ayudarán a tomar la decisión más acertada.

1. Diferencias entre Serif y Sans Serif.

Lo primero que debes conocer es la diferencia y usos de las dos principales familias de fuentes: Serif y Sans Serif:

Una fuente Serif (Times New Roman, Georgia, Cambria, etc.) es aquella en cuyas letras se aprecian adornos en las puntas, mientras que una fuente Sans Serif (Arial, Helvetica, Monaco, etc.) no tiene estos adornos.

En términos generales, las fuentes Serif son las elegidas para los medios impresos y las veremos en periódicos, libros y revistas. Por el contrario, en los medios digitales prefiere utilizarse las fuentes Sans Serif.

Así mismo, mientras que las fuentes Serif son habitualmente utilizadas por negocios tradicionales (consultorías, abogados…), las fuentes San Serif son empleadas en negocios más innovadores o que pretenden transmitir modernidad.

2. Relación de tipografía y estado de ánimo.

Las tipografías tienen el poder de desencadenar emociones. No quiero decir que un tipo de letra sea capaz de hacerte llorar o reír a carcajadas, pero sí que provocan emociones.

El estado de ánimo que despierte tu tipografía debe ser coherente con tu marca. ¿Es divertida? ¿Casual? ¿Fresca? Elije un tipo de letra que evoque ese sentimiento.

3. Cuidado con las combinaciones.

En general, se recomienda no usar más de dos tipos de fuentes.

Más no es necesariamente mejor, sobre todo cuando se trata de tipos de letra.

La regla general podría ser utilizar una combinación de Serif y San Serif. Por ejemplo, utilizar "Helvetica" para los títulos y "Times New Roman" para el cuerpo del texto es una combinación segura y que funciona muy bien.

Si vas usar una tipografía original procura siempre mantener el cuerpo del texto en una fuente más simple y de fácil lectura y deja los títulos y encabezados para esa tipografía original que proyecte la personalidad de tu marca.

Nota: *Las tipografías decorativas deben usarse con moderación.*

3.2.4. Página web.

Tu página web no solo va a convertirse en el centro de operaciones de tu estrategia de branding online, sino también en la base de tu estrategia digital para generar ingresos.

Dicho de otro modo, tu página web es el equivalente online a tu tienda, despacho, oficina o instalaciones físicas en el mundo offline.

Así, la misión de tu página web debe ser la misma que la del espacio físico de tu negocio; un escaparate donde mostrar tus productos y/o servicios, comunicar quién eres y tu propuesta de valor, ofrecer información y asesoramiento, transmitir seguridad y confianza, crear un punto de conexión con tus clientes... Por supuesto, todo esto tiene como fin último, GENERAR BENEFICIOS.

Parece lógico, por tanto, que si la reforma y acondicionamiento de un local para tu nuevo negocio puede estar comprendida entre los 10.000-30.000€, la creación de una página web profesional deba rondar el mismo precio. Y así es. Crear una buena página web puede requerir el mismo tiempo y el mismo número de profesionales (si no más) que el acondicionamiento de un local comercial.

Sin embargo, el mundo online posee una serie de ventajas gracias a las cuales, si las conoces, entiendes y usas adecuadamente, puedes ahorrarte mucho dinero.

Imagina que la reforma del local que has decidido acondicionar pudieses pagarla asociándote con otros 100 emprendedores que también van a hacer uso de ese mismo espacio. De este modo, por una reforma que ha supuesto 30.000€ tú únicamente tendrías que pagar 300€. Sería genial, ¿verdad? Evidentemente surgen dos problemas; el primero es que el local difícilmente va a estar acondicionado al gusto y necesidades de todo el mundo y el segundo, y más importante... ¡cómo demonios van a caber 100 emprendedores en un mismo local!

Por suerte, en el mundo online la cosa cambia y una misma página web cuya creación ha supuesto una inversión de 30.000€ pueden pagarla entre 100, 1.000 ó 1.000.000 de emprendedores. Cada emprendedor paga un precio muy inferior y al creador le sale rentable porque vende su trabajo una y mil veces. Es aquí donde surgen los CMS y las PLANTILLAS WEB.

Tu página web por menos de 500€.

Sigamos pues poniendo nerviosas a las agencias branding.

Para poder tener una página web profesional de 30.000€ por menos de 500€ solo vas a necesitar tres cosas; un **CMS** (gratis), un buen **tema o plantilla web** (entre 59€ y 99€) y un buen **programador/diseñador** para montar dicha plantilla (unos 300-400€).

En primer lugar, quiero avisarte de que existen opiniones encontradas. Hay profesionales que defienden el uso de CMS y plantillas web y otros que prefieren el desarrollo propio desde cero. Ambas opciones tienen sus pros y sus contras. Considero que lo más honesto es explicar estos pros y contras al cliente y si este quiere y/o puede pagar esos 30.000€, que él mismo decida.

A día de hoy, considerando pros y contras de ambas opciones, yo recomendaría en el 90% de los casos, el uso de un CMS y una plantilla web independientemente del presupuesto del cliente.

No voy a entrar a discutir los porqués, primero porque sería algo muy técnico y segundo porque imagino que si estás leyendo este libro es porque no dispones o no quieres invertir 30.000€ en una web, ¡ni falta que hace!

Me parece lícito que una agencia de branding defienda el desarrollo propio de una página web y si el cliente puede y quiere pagarlo, perfecto. Pero lo que me parece una falta de vergüenza y honestidad, es lo que hacen muchas agencias de branding: cobrar sus páginas web como si las hubiesen creado desde cero cuando en realidad han utilizado un CMS y una plantilla.

Ejemplo:

En una ocasión un cliente y amigo me estaba hablando sobre la empresa que acababa de poner en marcha y de como una agencia de branding ubicada en Dinamarca le había creado una fabulosa página web por la que solo había pagado 20.000€ cuando en España querían cobrarle más del doble. Cuando me enseñó la web le pregunté si querría saber el precio real de esa página. Mi amigo puso cara de extrañado, pues no sabía que era exactamente lo que le estaba queriendo decir, pero me dijo que adelante. Así que entré en el código interno de su web, averigüé su CMS (que se habían encargado de ocultar y maquillar), y di con el nombre de la plantilla que habían utilizado (que costaba unos 67€). Mi amigo se levantó sin dirigirme una sola palabra, cogió el móvil, salió a la terraza y se puso a dar gritos en otro idioma durante más de 15 minutos. ¿Quería decir esto que habían estafado a mi amigo y que podía defenderse legalmente? Lamentablemente, no. En realidad, la agencia creó la página que mi amigo quería por el presupuesto acordado, ni más ni menos. Entonces, ¿la agencia actuó de forma ética? ¡Ni mucho menos! Aunque este tipo de cosas ocurran en muchos más sectores que en el del branding, es algo de sinvergüenzas sin escrúpulos.

1. ¿Qué es un CMS?

Un CMS, o sistema de gestión de contenidos, es una aplicación informática usada para crear, editar, gestionar y publicar contenido digital multimedia en diversos formatos. Existen muchos tipos de CMS según sus utilidades. Algunos de ellos son: WordPress, Prestashop, Shopify, Drupal, Magento... Personalmente yo me decanto por WordPress por varias razones:

- Es fácil de manejar y gestionar.
- Un diseño web en WordPress no tiene límites de desarrollo y ampliación.
- Puedes añadir miles de funcionalidades que otros CMS no tienen ni tendrán.
- 1 de cada 4 webs está hecha en WordPress. Por algo será, ¿no?
- El 65% de webs que usan gestores de contenidos están diseñada en WordPress.
- Especialmente preparado para facilitar que aparezcas en Google.

También cabe decir que, si el diseñador que vaya a encargarse de montar tu página web te recomienda algún otro tipo de CMS, y te lo justifica, adelante. Recuerda que al final él es el profesional y, si lo has elegido bien, sabrá lo que se hace.

2. Tu plantilla web.

Aunque su uso no es estrictamente necesario, emplear una buena plantilla web tiene un doble propósito. Por un lado; aligerar (no eliminar) la labor de diseño del profesional que contrates para llevar a cabo tu página web, con lo que te ahorrarás un buen dinero en tiempo dedicado exclusivamente a diseño y por otro; garantizar, en la medida de lo posible, el buen funcionamiento de esta (velocidad, posicionamiento, etc.) y minimizar posibles problemas futuros (seguridad, actualizaciones, etc.).

Actualmente considero que de entre los miles de plantillas web que puedes adquirir a través de Internet tan solo deberías preocuparte por elegir entre _Genesis_[11] de StudioPress o _Divi_[12] de Elegant Themes.

OPCIÓN A: GENESIS

StudioPress es un proveedor de plantillas WordPress basadas en el Framework Genesis.

El Frameworks Genesis es una "capa de código" que hace que la web funcione mejor.

---

[11] _www.soykevinalbert.com/genesis_

[12] _www.soykevinalbert.com/divi_

Entre sus ventajas con respecto a otras plantillas que no usan este framework, destacan; su velocidad de carga y su perfecta optimización para el SEO (posicionamiento web).

Precios entre 59 y 99 dólares.

OPCIÓN B: DIVI

Divi es la plantilla/plugin estrella de la empresa Elegant Themes.

Está impulsado por el maquetador *Divi Builder*, un editor visual que permite crear páginas web completamente personalizadas de forma rápida y profesional.

Su mayor ventaja es sin duda la velocidad con la que este maquetador permite terminar un proyecto web, reduciendo enormemente los costes de desarrollo.

Precio entre 69 y 89 dólares.

Existe un acalorado debate en Internet acerca de cual de estos dos temas es mejor. Hay claros defensores tanto de uno como de otro, ambos con buenos y razonados argumentos. Personalmente, en contra de lo que aconseja la gran mayoría de blogueros, yo me decantaría por Divi, por la simple razón de que al permitir desarrollar una web en un tiempo mucho más reducido los presupuestos serán también mucho menores, que es precisamente lo que estamos buscando.

Nota: *No intentes ahorrarte estos 59-99 dólares y utilices una plantilla gratuita. Te ahorrarás muchos dolores de cabeza: seguridad, actualizaciones, soporte, etc.*

3. Tu programador web.

Una vez tengas elegida tu plantilla es hora de buscar a un buen profesional para adaptarla a las necesidades de tu proyecto.

Existen decenas de marketplaces de freelancers en los que subir tu propuesta. Personalmente yo me quedo con Upwork[13].

El funcionamiento es muy sencillo, sigue los siguientes pasos:

A. Publica tu proyecto.

Describe con el mayor detalle posible qué es lo que quieres y establece un presupuesto orientativo si lo deseas. Acuérdate de incluir en este punto el enlace a la plantilla web que has elegido para que el desarrollador pueda aconsejarte sobre la idoneidad de esta. Una vez publicado tu proyecto, en cuestión de minutos empezarás a recibir ofertas de decenas de freelancers.

B. Compara propuestas y elige tu freelance.

De aquellas propuestas que encajen en tu presupuesto debes escoger a un buen profesional. Lo primero en lo que puedes

---

[13] *www.upwork.com*

fijarte es si la propuesta que te ha enviado es un copia y pega que manda a todo el mundo por igual o si se ha tomado su tiempo en responderte y además si lo hace de forma profesional y tomándose interés en tu proyecto. Seguramente solo con esto ya habrás reducido mucho tu lista. Es hora de echar un vistazo a sus trabajos y ver las puntuaciones y comentarios que han dejado sus antiguos clientes.

C. Paga "cuando estés satisfecho".

Una de las grandes ventajas de estas plataformas es la seguridad que ofrecen. Imagina por ejemplo que te equivocases al elegir freelance y acabas contratando a un "impostor" (hay quienes cuelgan trabajos que no son suyos) o simplemente consideras que no ha realizado el trabajo conforme lo acordado. No tienes por qué preocuparte, solo pagas una vez terminado el trabajo y solo si tú estás satisfecho. Igualito que con una agencia de branding, ¿verdad?

Ya tienes tu web lista, y ahora... ¿Qué hosting contrato?

Para terminar este capítulo voy a hablarte de **hostings**, un aspecto fundamental en el desarrollo de una página web y al que no se le suele dar la importancia que merece.

El hosting es el *sitio o espacio virtual* donde va a estar alojada tu página web. De él dependerá en gran medida, entre otros aspectos, la seguridad y velocidad de carga de tu página web.

Existen multitud de empresas de alojamiento web con precios muy variados y con cientos de características técnicas ininteligibles. Te recomiendo que te fijes en dos aspectos básicos y fundamentales a la hora de elegir tu proveedor de hosting: la seguridad y la calidad del servicio técnico.

A día de hoy, después de haber trabajado con muchos proveedores de alojamiento web, no puedo recomendar otro que no sea *Webempresa*[14]. No tienes más que leer los comentarios de sus clientes.

Mis razones para recomendarlo son:

- Atención al cliente inmejorable: en tiempo y en trato.
- Seguridad y velocidad suficiente para la mayoría de proyectos web.
- Calidad/Precio muy buena.
- De confianza.

---

[14] *www.soykevinalbert.com/webempresa*

CAPÍTULO TRES

Video Branding

El **vídeo branding** es el uso del vídeo con el fin de potenciar la imagen de marca estableciendo una conexión emocional con los clientes de manera profunda y memorable.

¿Por qué usar el vídeo en tu estrategia de branding?

Como ya he comentado, una marca potente debe ser capaz de conectar emocionalmente con su audiencia. Los vídeos facilitan esa conexión gracias a la combinación de imagen, música y palabras. La transmisión y evocación de emociones y sentimientos, tan importantes para una marca, se produce mucho más fácilmente a través del vídeo que de cualquier otro medio o tipo de contenido.

La utilización del vídeo dentro de la estrategia de branding permite aumentar la visibilidad de marca, incrementar la notoriedad, conectar con los clientes, generar confianza, fidelizar, persuadir, seducir, emocionar, enamorar, etc.

No es casualidad que las grandes marcas estén invirtiendo cada vez más en la producción de vídeo y estrategias de vídeo branding. Y es que cualquier negocio, tenga el tamaño que tenga, puede aprovechar el potencial del vídeo sin necesidad de invertir grandes recursos económicos.

Vídeo low cost.

A diferencia de lo que ocurre con el diseño de un logotipo o el desarrollo de una página web, la grabación de un vídeo no podemos subcontratarla a freelancers de países más "económicos" por la simple razón de que el trabajo requiere de la presencia física del profesional. Y por desgracia, al disminuir la oferta aumentan los precios, y mucho. Lo que sí que podrás subcontratar es la edición de tus vídeos, algo tan caro o más que el propio proceso de grabación.

Por tanto, te voy a hablar del proceso de creación de un vídeo diferenciando dos partes: la grabación y la edición.

Para conseguir un resultado final profesional con recursos limitados vas a tener que aplicar una estrategia diferente en cada una de estas partes.

4.1. Grabación low cost.

Al igual que con el resto de elementos que conforman una marca, mi primera opción fue intentar contratar a un profesional por un precio razonable.

Para ello busqué a través de Internet, y seleccioné 10 profesionales cuyos trabajos de vídeo expuestos en sus respectivas páginas web dejaban claro que sabían lo que hacían. Posteriormente redacté un email explicando el tipo de vídeo que necesitaba y se lo envié a los profesionales elegidos. El trabajo que describía era el de un vídeo sencillo; un primer plano de un actor hablando a cámara sobre fondo blanco, de aproximadamente un minuto de duración y en el que habría que añadir posteriormente una melodía de fondo al editarlo.

Los presupuestos recibidos iban de los 600€ a los 3.500€ ¡3.500€ por un vídeo de un minuto! ¿Y si necesito un vídeo de mayor duración? O peor aún ¿Y si mi estrategia incluye la grabación de vídeos de forma periódica? (como sería recomendable).

Obviamente era una inversión que se alejaba mucho de lo que yo entiendo por low cost así que, sin duda, debía pasar al Plan B: Aprender a crear por mí mismo un vídeo de forma profesional.

La primera prueba la realicé antes de ponerme a investigar, para ver qué resultado obtenía. Puesto que, como explicaba en el email que mandé a los diferentes profesionales, el vídeo que necesitaba debía tener fondo blanco, al estilo de muchos vídeos de Apple, busqué una pared blanca bien iluminada por luz natural. Para la imagen utilicé una cámara digital compacta y para el sonido... me pegué mi teléfono móvil al pecho por debajo de la camisa utilizando cinta aislante.

Resultado: un completo desastre.

El fondo que debía ser completamente blanco se veía grisáceo y además aparecía mi sombra proyectada sobre él. La imagen general, a pesar de que creía que contaba con una excelente iluminación, se veía con muchísimo ruido. Y el sonido... bueno, del sonido mejor ni hablamos.

A pesar de haber conseguido un resultado tan desastroso, ya tenía lo que yo quería, un buen punto de partida para ponerme a investigar. No hay mal que por bien no venga.

En mi investigación me empapé de decenas de tutoriales y cursos, tanto gratuitos como de pago, y consulté a varios amigos y conocidos que se dedican tanto al mundo del vídeo como al de la fotografía.

Terminada mi investigación, hice mi segundo intento de grabar el mismo vídeo, utilizando todo lo que había aprendido (incluyendo la subcontratación para la edición) y, esta vez sí, conseguí exactamente lo que buscaba.

Puesto que mi opinión sobre el resultado conseguido podía no ser del todo imparcial, y para verificar que había encontrado un buen método para la creación de vídeos profesionales a precios low cost, volví a escribir a los mismos profesionales que me habían pasado sus presupuestos previamente, está vez desde un email diferente y poniendo como ejemplo de lo que quería el vídeo que acababa de realizar. Debo decir que no me sorprendió recibir prácticamente los mismos presupuestos por parte de estos profesionales, quienes además trataban de justificar lo que obviamente sabían que eran unos precios abusivos con comentarios del tipo: "un video de esa calidad no es barato/fácil de hacer".

Material necesario.

A. Cámara.

Si puedes controlar la iluminación podrás prescindir de una cámara profesional. La cámara es sin duda, el elemento más caro a la hora de grabar un vídeo profesional por lo que es aquí dónde vamos a ahorrarnos más dinero.

Al aprender a hacer de la luz tu aliada, podrás conseguir muy buenos resultados utilizando simplemente una cámara compacta o lo que es mejor, algo que llevas siempre contigo, tu teléfono móvil.

En la mayoría de ocasiones será muy recomendable contar con un trípode en el que montar la cámara, o dispositivo móvil, para ganar estabilidad. Como en todo, los hay de muchos precios, pero para empezar puedes hacerte con uno desde tan solo 2€.

Actualmente yo utilizo el _trípode ligero de AmazonBasics_[15] (1,52m) que se puede adquirir por unos 19€.

B. Micrófono.

Aunque pueda extrañarte, la calidad del sonido tendrá un mayor impacto en la valoración y retención de tus posibles clientes que la calidad de la imagen. Es mejor un vídeo con una imagen deficiente pero que se oiga bien, que a la inversa. Así que mucho cuidado con menospreciar su importancia a la hora de conseguir un resultado global profesional.

Por muy buena que sea la cámara o dispositivo móvil que vayas a usar para tus vídeos, deberás usar una fuente distinta para capturar el audio (pero no con un móvil pegado al pecho, claro) porque el micrófono que incorpora cualquier cámara está diseñado para captar, además de la voz del interlocutor, los

---

[15] _www.soykevinalbert.com/tripode_

sonidos ambientales y esto a nosotros, en la mayoría de las ocasiones, no nos interesará.

Después de la infructuosa prueba de pegarme el móvil al pecho, probé otras muchas opciones, incluyendo grabadoras digitales, micrófonos de solapa profesionales y diferentes métodos de grabación de sonido low cost que encontré navegando por Internet. De todas las opciones me quedo con el *micrófono de solapa RODE*[16] especialmente diseñado para teléfonos móviles, por unos 50€, o con su versión low cost: los auriculares manos libres del propio móvil.

Efectivamente, me refiero a los que suelen venir incluidos al comprar cualquier teléfono. La idea es convertir estos auriculares en un micrófono de solapa, que es el tipo de micrófono que vemos, por ejemplo, en los presentadores de las noticias. Para ello puedes coger uno de estos auriculares que ya no uses y simplemente recortar la parte de los auriculares, dejando solo el micro, que es la parte en la que suele encontrarse el control de volumen. Ahora solo tienes que fijarlo cerca del cuello de la camisa y usar cualquier aplicación de grabación de audio para registrar el sonido.

Por supuesto, también puedes grabar el sonido con un manos libres bluetooth, pero hay que tener en cuenta que el vídeo no queda tan profesional al llevar el manos libres colgado de una

---

[16] *www.soykevinalbert.com/microfono*

oreja, además, será más probable que se produzcan interferencias.

Nota: No olvides poner tu móvil en modo avión para evitar interrupciones inesperadas precisamente en esa toma que tan bien te estaba quedando.

C. Iluminación.

Como ya he comentado al principio, si puedes controlar la iluminación podrás grabar videos de muy buena calidad sin necesidad de gastar todo tu presupuesto en una cámara profesional. Para esto, te recomiendo realizar una pequeña inversión en un kit básico de iluminación (unos 100€) que te permitirá iluminar correctamente tanto sujeto como fondo.

El kit básico de iluminación por lo general consta de 3 puntos de luz que podremos configurar de diferente forma dependiendo de las necesidades de cada vídeo. Voy a comentar brevemente las dos configuraciones que más suelo utilizar:

1. En primer lugar, tenemos la conocida como **iluminación de tres puntos**. Este tipo de iluminación suele ser la utilizada en entrevistas, donde las tres luces apuntan al sujeto y el fondo queda iluminado por la luz propia de la sala (natural o artificial). Distinguiremos: luz principal, luz de relleno y luz de contraste (en este orden de importancia):

- **Luz principal**: Esta es la luz más importante. Es la luz que define al sujeto a filmar.

    Se coloca a un lado del sujeto a una altura ligeramente superior a la de la cámara.

- **Luz de relleno**: La luz principal utilizada sola produce sombras muy duras en el lado no iluminado, por ello es conveniente utilizar una luz de relleno para suavizar estas sombras sin eliminarlas completamente.

    Esta luz se coloca al lado contrario de la luz principal, aproximadamente a la misma altura de la cámara y a una potencia entre un 25 y 50% menor que la luz principal.

- **Luz de contraste**: Esta luz es importante porque separa al sujeto del fondo.

    Se sitúa detrás del sujeto por encima o por debajo de este (según el efecto deseado o preferencias personales) con un 25% menos de intensidad que la luz de relleno.

2. La segunda configuración es especialmente útil en aquellas situaciones en las que necesites conseguir un fondo blanco uniforme o para aplicar un *chroma*[17] tal y como hice yo para

---

[17] *Empleo de fondos verde o azules para añadir diferentes efectos en postproducción.*

la grabación del vídeo presentación que aparece en la web de este libro.

En esta configuración se usan dos focos para iluminar el fondo de forma uniforme y el foco que nos queda lo utilizamos como luz principal sobre el sujeto. Con esta configuración se echa en falta especialmente la luz de relleno, pues se crean sombras fuertes en el lado no iluminado. Para solucionarlo tan solo necesitas un reflector (unos 15€) o, en su defecto, cualquier superficie blanca lisa como una cartulina o una tabla de corcho grande, que colocaremos al lado contrario del sujeto haciendo las veces de luz de relleno, al reflectar la luz principal.

Aspectos a tener en cuenta a la hora de elegir un kit de iluminación.

En primer lugar, debes saber que existen tres tipos de iluminación: luces de día o bajo consumo, tungsteno y led.

Los kits de iluminación led son, sin lugar a dudas, los mejores en todos los aspectos, pero por su elevado precio compararé únicamente los dos primeros, teniendo en cuenta aspectos como: calor desprendido, temperatura de color, portabilidad y consumo.

A. Calor desprendido.

Debes tener en cuenta que, a diferencia de las luces de bajo consumo, que no desprenden apenas calor, las luces de tungsteno pueden convertir cualquier espacio en una auténtica sauna, lo cual puede suponer un grave inconveniente y por tanto es importante valorar esta característica a la hora de comprar un equipo de iluminación.

Nota: Si decides hacerte con un kit de iluminación de tungsteno deberás tener mucho cuidado al manipularlo durante su uso, pues puede producir graves quemaduras.

B. Temperatura de color.

La temperatura de color de una fuente de luz (nada que ver con el calor desprendido) se refiere a las distintas tonalidades que puede tener una luz y se mide en grados Kelvin.

Parece ser que, en la mayoría de las ocasiones, la mejor temperatura para grabar es 5.200 grados Kelvin, que es la temperatura de la luz del Sol y de las luces de bajo consumo. Las luces de tungsteno sin embargo tienen una temperatura de color de 3.300 grados Kelvin, produciendo un efecto más cálido o anaranjado.

Igual o más importante que la temperatura de color de nuestro kit de iluminación, será el no mezclar diferentes temperaturas de color durante nuestra grabación para no volver loca a la cámara. Esto sucedería por ejemplo si un lado del sujeto lo iluminas con un foco de tungsteno y el otro lado con la luz del Sol que entra por la ventana.

*Nota: Para evitar volver loca a la cámara puedes valerte de lo que se conoce como **filtros de gelatina**. Estos filtros son esas láminas de colores, parecidas al papel de celofán, que habrás visto muchas veces colocados justo delante de un foco de luz. Gracias a estos filtros puedes convertir una luz cálida, como es la de tungsteno, en luz de día simplemente aplicando un filtro azul o convertir una luz de bajo consumo en luz cálida aplicando un filtro naranja.*

C. Portabilidad.

A pesar de que prácticamente todos los kits de iluminación vienen con sus respectivas bolsas de transporte, eso no quiere decir que todos sean igual de prácticos.

Mientras que, con los focos de tungsteno, una vez se hayan enfriado, no tendrás más que meterlos en su respectiva bolsa de transporte, en un kit de bajo consumo cada foco está compuesto por varias bombillas que deberás desenroscar y guardar una por una en su protector de poliespan y este a su vez en su respectiva cajita de cartón. Si tienes que montar y desmontar los focos a menudo esto puede acabar desquiciándote.

D. Consumo.

Sobre todo, si vas a grabar vídeos de forma regular, esto es algo que debes tener en cuenta. Un kit de iluminación de bajo consumo va a suponer un gasto de energía mucho menor y por tanto un ahorro considerable en la factura de la luz.

Por ejemplo, el *kit de iluminación*[18] que yo elegí es un kit de tungsteno compuesto por 3 focos de 800W, esto hace un total de 2.400W. Para conseguir esa misma potencia con un kit de bajo consumo utilizaríamos solo 540W. Así que antes de decidirte por un kit u otro tal vez debas hacer cuentas.

---

[18] www.soykevinalbert.com/iluminacion

4.2. Edición low cost.

Una vez hayas grabado el vídeo, toca editarlo de forma profesional y, ahora sí, puedes subcontratar este servicio a precios low cost.

A la hora de encargar la edición de tu vídeo, debes tener muy claro lo que quieres, pues cuanto más concisas sean las instrucciones, mejor será el resultado que obtengas y menos dinero gastarás en retoques y ajustes posteriores.

Veamos algunos aspectos y vocabulario básico de edición que te será muy útil para describir tu proyecto de forma correcta.

Aspectos básicos:

- **Corrección de imagen**: ajustes de color, contraste, etc.
- **Corrección de sonido**: eliminar ruido, siseo, etc.
- **Transiciones**: lo normal es que el vídeo esté formado por varios planos diferentes. Es muy importante cambiar de uno a otro en el momento preciso y con el estilo adecuado. Para ello, incluso antes de ponerte a grabar, debes tener un guión perfectamente definido en el que se especifique, entre otras cosas, donde irán estás transiciones.

Extras:

- **Cabecera**: puede que te interese que tus vídeos empiecen siempre con una misma cabecera. Esto puede ser algo tan sencillo como una animación de tu logotipo y ayudará tremendamente a la retención y potenciación de tu marca.

    Elige entre miles de caberas por menos de 10€ en VideoHive[19].

- **Titulares**: los titulares son esos elementos visuales que aparecen en la parte inferior de un vídeo informando, por ejemplo, de quién es la persona que aparece en pantalla, el contenido o temática del vídeo, etc. Los hay de muchos tipos por lo que es importante que los elijas bien para que sean coherentes tanto con tu marca como con el contenido del vídeo en cuestión.

    En VideoHive encontrarás cientos diseños para los titulares de tus videos.

- **Melodía**: elegir buena melodía te servirá como un potente elemento de branding auditivo al conseguir evocar tu marca cada vez que esta suene, sin necesidad de visualizar imagen alguna. Tómate tu tiempo para elegirla.

---

[19] *www.videohive.net*

En AudioJungle[20] dispones una extensísima colección de música libre de derechos por precios que van de los 8€ a los 20€.

- **Efectos especiales**: al igual que ocurría con las transiciones, si tienes pensado añadir cualquier tipo de efecto especial, por simple que este sea (incluir texto, objetos animados...), estos deben estar perfectamente definidos en el guión que habrás preparado antes de ponerte a grabar tu vídeo.

¡Es hora de contratar un editor de vídeo!

Al igual que hiciste con el desarrollo de tu página web, para la edición de tus vídeos, puedes usar la plataforma *Upwork* y seguir exactamente los mismos pasos.

En esta ocasión para la descripción del proyecto, te va a ser muy útil el guión que habrás elaborado para grabar el vídeo. En él debería venir indicado en qué momento deben introducirse las transiciones y cada efecto que hayas decidido añadir.

Deberás indicar también que quieres correcciones tanto en la imagen como en el sonido e incluir en la descripción del proyecto

---

[20] *www.audiojungle.net*

los enlaces a la cabecera, titulares y melodía, en el caso de que hayas decidido usarlos y ya los tengas elegidos.

Recuerda que para que los freelancers puedan hacer una mejor valoración de tu proyecto, deberás adjuntar todos los archivos, tanto de vídeo como de audio, en la descripción de tu proyecto. En el caso de que, por su tamaño, no puedas subir uno o varios archivos directamente a la plataforma, puedes usar un servicio de almacenamiento en la nube tipo Dropbox, Google Drive, Amazon... Una vez subidos, deberás copiar y pegar en la descripción del proyecto el enlace donde se encuentra dicho archivo. Lo ideal sería incluirlos todos dentro de una carpeta y enlazar dicha carpeta.

¡Y eso todo!

Si aplicas lo que has aprendido en este capítulo podrás tener tu primer vídeo profesional listo por menos de 200€, incluyendo el kit de iluminación, cabecera, titulares, melodía y edición. Y a partir del segundo vídeo, como ya solo será necesario invertir en la edición, el presupuesto se reduce a tan solo unos 50-100€ (dependiendo del freelance elegido).

CAPÍTULO CUATRO

Branding personal

No podía terminar este libro sin hablar de un tema tan de moda y en boca de todo el mundo como es el branding o marca personal.

La marca personal (personal branding) consiste en considerar al individuo en sí mismo como una marca. Desarrollar una marca personal supone la identificación y comunicación de talentos, habilidades y características con el fin de diferenciarse y así conseguir un mayor éxito en relaciones sociales y profesionales.

Como ves, los objetivos son exactamente los mismos que los de una marca comercial.

Las personas que consiguen una buena gestión de su marca personal sobresalen rápidamente entre su competencia y son percibidos por la sociedad (potenciales clientes incluidos) como expertos en su campo. Por todo esto, el objetivo de este capítulo va a ser precisamente ese: **enseñarte a ser percibido como el experto que eres.**

5.1. La industria de los expertos.

Desde la llegada de Internet, y la democratización de la información, se ha producido un espectacular incremento en la aparición de todo tipo de expertos, gurús y especialistas en todos los sectores y temas posibles. Si una persona sabe manejar eficazmente las herramientas que tiene a su alcance puede conseguir posicionarse rápidamente como experto en prácticamente cualquier sector.

Hoy en día ya no basta con ser un experto, sino que también debemos ser percibidos como tal.

"Para parecer un experto deberás ser un experto en parecerlo."
Alfonso Alcántara

5.1.1 ¿Qué es exactamente un experto?

Se podría decir que un experto es alguien con un **gran conocimiento** sobre un tema, sector o área en particular.

Sin embargo, en mi opinión, esta definición es incompleta, pues no engloba al tipo de experto en el que realmente te interesa convertirte.

De nada te servirá ser un auténtico crack en lo tuyo si no eres **reconocido como tal** de forma pública por un sector o la totalidad de la población.

De este modo, si consideramos tan solo una de las dos partes de la ecuación podemos encontrarnos tanto a personas con grandes conocimientos y mentes brillantes que duramente consiguen llegar a fin de mes y se las ven y se las desean para cobrar un salario digno, como a charlatanes sin la más remota idea de lo que están hablando pero que ganan sueldos de ministro, pues son llamados para participar en toda conferencia, debate o programa de radio o televisión porque por algún motivo, poco o nada relacionado con sus conocimientos, han conseguido ganarse el reconocimiento como expertos por parte de la sociedad.

Aunque los motivos por los que un charlatán o vendehúmos consigue posicionarse como experto son diversos, en la mayoría de las ocasiones coincide que estos falsos expertos poseen una gran capacidad de comunicación capaz de enmascarar cualquiera de sus carencias. Tan solo tienes que pensar en nuestros políticos actuales o en el tipo de personaje que vemos todos los días en los debates de televisión. En estos debates no cuenta lo que el supuesto experto sabe, sino lo que parece que sabe y, si además es capaz de defender su punto de vista (o el punto de vista que le ha tocado defender ese día) de forma violenta y teatral, la audiencia está garantizada.

Yo tenía un amigo al que siempre le decía que tenía apuntarse para participar en los debates de televisión. Realmente tenía un don. Este amigo era capaz de debatir durante horas sobre cualquier tema aunque no tuviese la más mínima idea de lo que estaba hablando. Era tan bueno, que este tipo de debates se habían convertido en un hobbie para él (aunque nunca lo reconociese). En un momento determinado defendía un punto de vista sobre un determinado tema como si la vida le fuese en ello y al cabo de media hora estaba reunido con otro grupo de personas diferente defendiendo el punto de vista contrario con la misma intensidad. Lo curioso es que no tenía porqué estar de acuerdo con sus propias argumentaciones. Su juego únicamente consistía en ganar la discusión. Nada más. Un juego que le hacía sentir poderoso. Un poder que enmascaraba otros muchos complejos.

Un verdadero experto, el tipo de experto que nos interesa, siempre debe reunir las dos partes de la ecuación: poseer un gran conocimiento sobre un tema y saber comunicarlo de forma adecuada para, además, ser reconocido como tal.

5.1.2 Beneficios de ser reconocido como un experto.

A. Los clientes te encuentran.

No se hace tan necesario salir a buscar clientes y hacer venta a puerta fría, porque son ellos los que llegan a ti. Ser reconocido como experto te permite atraerlos más fácilmente.

B. No tienes que vender.

Tus clientes quieren trabajar contigo, sin importar el precio. No quiere decir que no tengas que hacer esfuerzo alguno para vender, ni que no tengas que tener un sistema de ventas, pero sí que te resultará mucho más fácil persuadir a tus clientes potenciales.

C. Visibilidad.

Medios, plataformas, otros profesionales y empresas suelen mencionar y enlazar las webs y los contenidos de expertos por lo que es mucho más fácil encontrarlos en Internet. El resultado para el experto es que consigue mayor visibilidad y exposición en Internet y, por tanto, también ante su audiencia ideal.

D. Oportunidades de negocio.

Un experto es considerado así también por colegas de profesión y otros profesionales y empresas. Esto hace que te conviertas en la persona a la que recurrir dentro de tu área de conocimiento por lo que resulta más fácil que surjan oportunidades de negocio y colaboraciones.

E. Prestigio social-status.

Ser reconocido como experto en tu sector y por parte de la audiencia a la que te diriges, te permite gozar de mayor prestigio social. No se trata tanto de que salgas en televisión todos los días sino de generar una reputación positiva en tu sector y ser reconocido como un profesional capaz de entregar los resultados que promete.

5.1.3 Experto mínimo viable.

Ser experto no es algo absoluto. Siempre es algo relativo.

La idea de convertirte en un experto puede parecerte una tarea tan complicada como escalar el Himalaya pero en realidad, se trata de que seas capaz de adoptar un enfoque *Lean* y crear un *Producto Mínimo Viable* de ti mismo como experto, adquiriendo el suficiente conocimiento para saber más sobre un tema que el 80% de las personas y además saber comunicarlo de una forma diferente y auténtica.

Tu audiencia.

Necesitas dirigirte a un colectivo que pueda reconocerte como experto.

No puedes pretender, convertirte de la noche a la mañana, en un experto mundialmente reconocido ni querer que toda la sociedad te reconozca como tal.

Lo que si puedes conseguir es ser percibido como experto para un colectivo ante el cual tus conocimientos o experiencias son más que suficientes. Para ellos serás "su experto".

Tu mensaje.

Necesitas saber comunicar tu mensaje a aquellos a los que va dirigido. Cada tipo de público necesita una forma de comunicación diferente y específica, más técnica, más sencilla, más o menos formal...

No se trata de inventar la rueda, es decir, hacer algo que nadie en el mundo hace, porque es razonablemente difícil. Lo que sí tienes que ser es diferente y único, transformando tu conocimiento en un mensaje adaptado a tu estilo y personalidad.

"Incluso los grandes expertos se inspiran en otros expertos."
Homer Simpson

5.2. Experto reconocido en menos de 30 días.

Como hemos ido viendo, no necesitas ser el Nº1 mundial, lo que necesitas es conseguir el nivel mínimo suficiente para poder ser percibido por tu audiencia como un experto y así poder lograr tus objetivos profesionales.

Lo primero que debes hacer para posicionarte como experto es SERLO.

La intención de este apartado no es la de enseñarte a convertirte en un experto, sino que sepas cómo **posicionarte como tal** y, a ser posible, en un tiempo record.

Para ello deberás centrarte en acumular el mayor número de "indicadores de credibilidad".

A continuación verás cinco indicadores muy efectivos y muy rápidos de conseguir:

1. Hazte miembro de dos o tres organizaciones del sector que te interesa.

¿Alguna vez te ha impresionado escuchar o leer que un determinado profesional pertenecía a no sé cuantas asociaciones y organizaciones nacionales e internacionales? Seguro que inmediatamente pensaste "menudo máquina" y lo catalogaste al momento como experto en ese determinado tema, ¿verdad? Pues bien, voy a contarte un secretillo: para pertenecer a estas asociaciones no necesitas cumplir una serie de duros requisitos, tan solo debes rellenar un formulario y, en la mayoría de los casos, pagar tu cuota mensual.

Ahora solo tienes que comunicarlo. Añade estas organizaciones en tus tarjetas de visita, en tu página web y en tus perfiles sociales.

¿Existe forma más rápida y sencilla de ser percibido como un experto?

2. Lee los tres libros más vendidos sobre tu tema, resúmelos en una página y compártelos en tus redes sociales.

Crear contenido nuevo es una labor tremendamente laboriosa, pero sintetizar información y compartirla con tu estilo personal es algo mucho más sencillo.

Si ya tienes suficiente experiencia en tu sector y te has preocupado por formarte e informarte en todo lo relacionado con tu área profesional, ya habrás leído estos libros y, si además tienes la buena costumbre de ir subrayando o destacando con *Pos-it* mientras lees (si no la tienes, te la recomiendo), no te llevará más de un par de horas hacer un buen esquema de cada libro.

Ahora solo queda decidir cómo vas a compartir este contenido: puedes hacer un artículo y publicarlo en tu blog, puedes crear un PDF descargable para ofrecerlo a cambio del email de los clientes potenciales que lleguen a tu página web o (y esta es mi favorita) puedes crear un videotutorial para tu canal de YouTube.

3. Empieza a dar conferencias.

Subirte a un escenario te proporcionará inmediatamente un aura de experto, si además preparas una buena conferencia apoyada por un atractivo PowerPoint (u otro programa de presentación), el reconocimiento está garantizado.

Puedes empezar buscando eventos relacionados con tu temática y ofrecerte a participar dando una presentación.

También puedes plantearte empezar por tu universidad más cercana, grupos y asociaciones relacionadas con tu sector o que posean un público similar a tu cliente objetivo. Puedes ofrecerles una charla, un taller, una jornada temática... cualquier cosa que te permita mostrar lo que sabes. Explícales que te gustaría impartirlo de forma totalmente gratuita y que no vas a vender ningún tipo de producto o servicio. No te olvides de mencionar que perteneces a las asociaciones del punto 1. Cuando obtengas el "OK" anuncia la actividad a bombo y platillo. Usa tus redes sociales, foros, página web, carteles, folletos, etc.

Si puedes, sería muy interesante que lo grabases, a ser posible desde dos ángulos y con buen sonido (usa el micro de solapa que hemos aprendido a confeccionar). Ya tienes material de primera para compartir en tu canal de YouTube. Que nadie se quede sin saber que eres uno de esos expertos que va dando conferencias ;)

4. Ofrécete a escribir uno o dos artículos para revistas especializadas relacionadas con tu temática.

Mi consejo es que tengas cuidado con la forma en la que abordas el tema sobre el que escribas, ya que la revista no te permitirá ir en contra de los intereses de sus anunciantes. Si esto supone ir en contra de tus valores de marca mejor ahórrate este paso, a la larga puede acabar pasándote factura. Yo he tenido que rechazar ofertas como colaborador de más de una revista o asociación por este mismo motivo.

Eso sí, una vez que tengas tus artículos publicados ya puedes empezar a comunicar que eres "colaborador de X revista". Esto siempre da mucho "caché".

5. Entrevista a otros expertos en tu campo.

Seguro que no encontrarás demasiados problemas para entrevistar a un buen número de profesionales en tu campo. La mayoría de expertos nos pasaríamos el día hablando de nuestro punto de vista o explicando el largo y duro camino para llegar hasta donde hemos llegado.

Lo bueno de entrevistar a un experto es que te quedas con parte de su "poder". Si la gente empieza a ver tu nombre junto al de los mejores profesionales de tu sector rápidamente empezarán a verte como un experto más. Además, las entrevistas publicadas en tu blog y promocionadas adecuadamente en las redes sociales, te proporcionarán visibilidad, tráfico a tu web y viralidad de tus contenidos.

Puedes hacer las entrevistas en persona o por videoconferencia y puedes publicarlas posteriormente en formato texto, audio o vídeo. Si te organizas bien y grabas las entrevistas en vídeo multiplicarás sus beneficios, pues de este modo, no solo aparecerá tu nombre junto al de los expertos entrevistados, sino que la gente podrá veros a los dos juntos charlando como buenos amigos.

Crea un canal de YouTube

¿Por qué deberías tener tu propio canal de YouTube?

- Es gratis y no te llevará más de 10 minutos.
- Puedes llegar a cualquier persona en cualquier parte del mundo veinticuatro horas al día, siete días a la semana.
- Es el segundo buscador más utilizado después de Google.
- Es mucho más fácil llegar a los primeros resultados de búsqueda (posicionamiento web) en YouTube que en Google.
- No tienes porqué grabar material exclusivo para el canal (aunque sí te lo recomiendo), sino que puedes subir vídeos de tus conferencias, entrevistas a otros expertos, apariciones en TV, etc.
- Te hace humano y accesible, lo que facilita la confianza y sintonía con quienes te ven y escuchan.
- Puedes transmitir emociones, motivación y entusiasmo.

A pesar de todas estas ventajas, aún existen muy pocos profesionales y empresas que utilicen este medio.

Lo que impide utilizar esta poderosa herramienta está, en la mayoría de los casos, únicamente en la cabeza. La vergüenza, el miedo, el "qué dirán", el pudor, el complejo de inferioridad, la presión social, la exposición a críticas... La lista de barreras mentales es inmensa. Esto, no deja de ser una razón más, tal vez la más importante, para lanzarte a crear tus propios vídeos, pues si consigues deshacerte de esta barrera mental, YouTube te proporcionará una excelente forma de **diferenciación**, destacando así entre la multitud que todavía sigue con sus miedos e inseguridades a la hora de hacer sus propios vídeos.

En este libro has aprendido a crear videos de calidad profesional sin apenas inversión, así que, **no puedes permitirte NO tener tu propio canal de YouTube.**

5.3. Expertos vs vendedores de humo.

En primer lugar, cabría explicar lo que yo entiendo por vendehúmos. Según lo explicado en páginas anteriores de este mismo capítulo, un vendehúmos sería aquella persona experta en parecer un experto, pero, sin serlo realmente. Parece un juego de palabra, pero te aseguro que se da más frecuentemente de lo que piensas y mi propósito es que sepas distinguir a este tipo de personas y, por supuesto, que no te conviertas en uno de ellos.

En ocasiones, te será muy útil saber cómo identificar a estos farsantes, ya que te evitará contratar profesionales o servicios mediocres, podrás desenmascarar a tu competencia, te ahorrarás un buen dinero en conferencias, cursos o charlas que no te reporten ningún beneficio, etc.

Síntoma del vendehúmos nº1: Compran fans, seguidores, likes, etc.

Quizá te estés preguntando, ¿Qué sentido tiene la compra de fans?

Aunque parezca mentira, el número de seguidores es considerado por muchas personas un indicador inequívoco de lo bueno que es un profesional. Así, muchos medios de comunicación eligen al experto al que llamarán para hablar de un determinado tema basándose en este número.

Conseguir crear un contenido lo suficientemente interesante y diferente, que atraiga y genere miles o millones de seguidores, fans o followers no es nada fácil y por supuesto, no ocurre de la noche o la mañana ¿o sí?

Existen muchas empresas que se dedican a comercializar con el número de seguidores. Es posible conseguir sin esfuerzo alguno y por un desembolso económico insignificante (menos de 10€ por cada 1.000 seguidores) unos resultados que requerirían de grandes dosis de trabajo y una excelente estrategia de social media.

¿Cómo saber quien ha comprado fans?

A. Poca interacción o "engagement".

Por algún extraño motivo ciertas redes sociales ofrecen cada vez menos información de la que podamos obtener datos que nos indiquen si una página tiene seguidores reales o no. Por suerte siempre podremos recurrir al engagement o conexión real con sus usuarios. Esta conexión se puede medir a través del porcentaje de interacciones (número de me gustas, compartidos, comentarios, retuits, favoritos, etc.) que tiene una página en relación al número total de seguidores.

Por ejemplo, si te encuentras con una página que tiene 50.000 seguidores y ves que solo unos cuantos usuarios interactúan con sus publicaciones, puedes estar ante una página con seguidores falsos (o al menos gran parte de ellos).

B. Nacionalidad de los seguidores.

Lo más lógico sería que la nacionalidad de los seguidores ("ciudad más popular" en Facebook) sea la misma que la de la página de fans. Si mi página está ubicada en España no tiene sentido que la mayoría de mis seguidores sean de Bangkok.

C. Edad de los seguidores "incoherente".

Este dato puede ser interesante si se sale de lo normal. Pero ¿qué es lo normal? Pues depende de cada página. Un ejemplo raro sería encontrar una marca para adultos con un grupo de edad de 13 a 17 años.

D. Gráficas con "escalones".

En aquellas redes sociales que nos permiten acceder a las métricas de un perfil que no es de nuestra propiedad, podemos saber con un altísimo porcentaje de acierto si dicho perfil ha comprado seguidores atendiendo a la forma que dibujan sus gráficas. Una página que realiza una compra de fans suele presentar ángulos muy cerrados en sus gráficas, propios de este tipo de prácticas, pues los fans pagados suelen agregarse en el transcurso de unas pocas horas y no de manera progresiva. En estos casos, se observan picos con subidas importantes en el número de seguidores. En algunas páginas, situando el cursor en los distintos puntos de dicha gráfica, podremos ver el aumento del número de seguidores de un día para otro.

Personalmente, sigo muy de cerca a mi competencia, y tengo pantallazos de las gráficas de prácticamente todos ellos en los que se demuestra que siguen una "estrategia" de compra regular de seguidores. Tengo que decir que al contrario de lo que suelen advertirnos acerca de las penalizaciones por parte de Google, Facebook o YouTube por este tipo de prácticas, no he observado que ninguna de las páginas a las que he pillado comprando seguidores haya sufrido penalización alguna. Esto no quiere decir, ni mucho menos, que yo lo recomiende.

Síntoma del vendehúmos nº2: Nunca hablan de la competencia.

Si una empresa o profesional no habla de su competencia, DESCONFÍA.

Te aseguro que si alguien no habla de su competencia no es porque no la tenga, sino porque tiene miedo de que la conozcas y te vayas con ella.

Te voy a poner dos claros ejemplos con los que me encuentro a menudo:

Ejemplo 1:

¿Has acudido recientemente a alguna conferencia o evento sobre branding o marketing online (SEO y SEM, redacción de contenidos, diseño y desarrollo web, etc.)? ¿Alguno de los "expertos" invitados ha mencionado la existencia de plataformas como Freelancer, Upwork o 99designs, por ejemplo?

Según mi experiencia personal, en este tipo de conferencias es muy, pero que muy extraño que alguno de los ponentes tenga el valor de mencionar estas plataformas (su competencia).

¿Por qué?

Como ya he comentado, normalmente estas conferencias tienen como único objetivo que el o los expertos invitados capten clientes entre los asistentes. Y claro, seguramente, si estos asistentes conociesen la existencia de plataformas que nos permiten ponernos en contacto con millones de profesionales del mismo sector y nivel que los ponentes pero a precios mucho más reducidos, estos "expertos", que no tienen ningún valor añadido que ofrecer, se quedarían sin negocio.

Si alguna vez te ofreces como ponente en estos eventos es muy posible que se te prohíba explícitamente hablar de estas plataformas (te lo digo por experiencia). Y si, a pesar de la advertencia, te saltas esta prohibición puedes ir despidiéndote de volver a ser invitado. O peor todavía, es muy posible que el resto de ponentes te hagan mobbing (acoso) online y traten de desacreditarte.

Ejemplo 2:

Como experto en branding suelo seguir a diferentes empresas y profesionales de este mismo sector a través de sus perfiles en las redes sociales.

Resulta tremendamente frustrante dedicar parte de mi tiempo a escribir mi opinión o punto de vista como comentario a alguno de los artículos que publican y que este acabe siendo directamente eliminado.

No es que no les guste la participación y comentarios de sus seguidores, pero siempre y cuando puedan demostrar su superioridad sobre el tema en cuestión. Bajo ningún concepto van a permitir que sus clientes o seguidores conozcan a profesionales a los que ellos mismos consideran como superiores.

Así que, si sigues a un "experto" que no hace mención alguna a sus compañeros (competencia) en ninguna de sus publicaciones o artículos, a no ser que sea para desprestigiarlos, seguramente te encuentras ante un farsante.

Cuando eres o te consideras mediocre, lo peor que puede pasarte es que tu público objetivo conozca a tu competencia.

Síntoma del vendehúmos nº3: Defienden puntos de vista radicales y tienden a elevar la voz como argumento principal.

Seguro que te suena de algo, ¿verdad?

Efectivamente, este tipo de experto es muy valorado en televisión, donde han brotado "expertos" como champiñones, en parte porque los necesitan para llenar la programación de sus canales, en parte porque es un formato que sale muy barato (casi gratis).

De esta forma todos salen ganando, las cadenas de televisión consiguen llenar sus espacios a muy buen precio y los vendehúmos consiguen posicionarse como los expertos que no son. Porque si has salido en TV una vez ya te consideran como un especialista y la prensa y la radio también se interesarán por ti.

La forma más fácil de que te llamen para salir en televisión y de que cuenten contigo para sus programas es simple: ATACAR.

Cuanto más absolutamente seguro de ti mismo parezcas y cuanto más violento te muestres defendiendo tu punto de vista, más probable es que hagas carrera como experto en TV.

Da igual que esté demostrado que los verdaderos expertos suelen ser aquellos que se muestran más sensatos, aquellos que admiten que todo puede tener múltiples enfoques, que no ven un debate como una ocasión de atacar a su interlocutor con el único objetivo de quedar por encima de él y, a ser posible, ridiculizarlo. La sensatez no vende y si no vendes no te llaman para salir en sus programas, con lo que nadie te oye, así que no eres un experto.

Síntoma del vendehúmos nº4: Siempre utilizan jerga de experto.

No te dejes impresionar, si asistes a una conferencia o tienes una reunión con un especialista y sales de ella sintiéndote tonto, seguramente estás ante un vendehúmos.

Un verdadero experto sabe adaptar su leguaje al público al que se dirige. Su objetivo principal no es ser percibido como un experto a toda costa, sino ser entendido y transmitir su mensaje y conocimiento.

Los falsos expertos tratan de ocultar sus debilidades, carencias y falta de conocimientos, detrás de una compleja jerga que tienen perfectamente estudiada y que suele estar compuesta por palabras en inglés y acrónimos o abreviaturas. El nivel máximo de postureo serían los acrónimos en inglés.

KPI's, ROM, maximizar (nunca "mejorar"), proactivo, escalable, sinergias, copycat, CRM, monetizar, target, competencia esencial... ¿Te suenan? La lista es interminable.

Un buen vendehúmos utilizará este tipo de palabras fingiendo no darse cuenta de que está usando una jerga solo apta para profesionales del sector. Pero sí, sí se da cuenta y le encanta como eso le hace sentir. Se puede decir que su objetivo es impresionar al auditorio y poco más.

> *"Valores con garantía hipotecaria, prestamos subprime, tramos... Todo es muy confuso, ¿no? ¿no les aburre? ¿no piensan que son tontos? Bueno, eso es lo que pretenden ...les encanta usar esos términos para que creamos que solo ellos pueden hacer lo que hacen o mejor aún, para que no les toquen los cojones."*
> **La Gran Apuesta** (2015)

Síntoma del vendehúmos nº5: No hablan de sus resultados.

Se suben al escenario y nos hablan de cómo conseguir dinero, clientes, fans, engagement, ingresos residuales, vivir del punto de cruz... Cualquier tema vale para un buen vendehúmos.

Cuando te encuentres con ellos no lo dudes, **pregúntales por sus resultados.**

Tanto si estás en una reunión privada con el supuesto experto como sentado entre el público en una conferencia, no te cortes, pregúntales.

Si te habla de cómo conseguir fans en Facebook investiga con cuantos fans cuenta él o su empresa. Si te explica como aumentar el engagement, entra en sus redes sociales y comprueba por ti mismo el porcentaje de interacciones en sus publicaciones. Si pretende enseñarte a vivir del punto de cruz pregúntale por su facturación/beneficios mensuales.

Los buenos vendehúmos tendrán preparada una estrategia para no tener que responder directamente a tu pregunta o simplemente se inventarán la respuesta. Pero te sorprenderá ver las ocasiones en las que el vendehúmos desea que se lo trague la tierra cuando le preguntas por sus resultados.

"El que sabe hacer una cosa, la hace. El que no sabe hacerla, enseña cómo se hace."
Anónimo

CAPÍTULO CINCO

Branding por 0€

¿Cómo? ¿Que es posible hacer branding sin gastar un solo euro? ¿Y por qué no has empezado por ahí?

Pues bien, he querido dejar el que considero que es mi mejor consejo para el final por dos motivos: primero porque, a diferencia del resto de capítulos, esta opción no es aplicable para todo el mundo, y segundo porque, aunque decidas utilizar la estrategia que te voy a proponer, te vendrá muy bien conocer todos los trucos y herramientas que has aprendido hasta el momento.

Te estarás preguntando qué herramienta es esa que te permite gestionar tu branding por 0€, ¿verdad?

Es mucho más sencillo de lo que puedas estar imaginando:

LA COLABORACIÓN

Existen agencias de branding (ahora que hablamos de colaboración ya no tienes porqué excluir ninguna agencia solo por sus precios) a las que si les presentas un buen proyecto, acompañado, a ser posible, de un buen plan de empresa, pueden estar dispuestas a encargarse de todos los aspectos relacionados con la gestión de tu marca a cambio de una participación en los beneficios. Es decir, si tú ganas, la agencia de branding gana pero, si por algún motivo, el proyecto no llega a funcionar, no habrás invertido ni un solo euro en branding.

Como verás, este consejo, tal y como he comentado antes, no es aplicable para todo el mundo, pues requiere de un tipo de proyecto con unas previsiones de ingresos bien argumentadas y en el que, entre otras cosas, la facturación pueda ser controlada y medida fácilmente.

Tal vez estés pensando, "Bueno, con todo lo que he aprendido en este libro puedo crear y gestionar mi marca por tan poco dinero que prefiero no darle parte de mis beneficios a ninguna agencia de branding." Y tienes toda la razón. Si el único motivo para realizar una colaboración con una agencia de branding fuese el ahorrarte esa pequeña cantidad de dinero, sería una muy mala inversión por tu parte pero, si lo analizas bien, verás que existen como mínimo dos motivos de peso para, por lo menos, intentarlo.

Motivo número 1: Validar tu idea de negocio.

Piensa que una buena agencia de branding trabaja con decenas de clientes, normalmente de diferentes tipos y sectores. Por tanto, exista o no dentro de su equipo un profesional especializado en creación y gestión de empresas, la experiencia de haber trabajado en tantos proyectos diferentes les otorga una visión casi clarividente de la viabilidad de los nuevos proyectos que se les presentan. De esta manera, si pides a una agencia de branding que lleve tu proyecto a modo de colaboración y esta acepta, es porque seguramente ve en él el potencial suficiente como para funcionar y conseguir unos beneficios interesantes para ambas partes. De la misma manera, si la agencia reúsa tu propuesta "puede ser" un indicador de que algo falla en tu proyecto.

Advertencia: Que una agencia de branding rechace tu propuesta de colaboración no tiene porqué querer decir que tu proyecto no va a funcionar. Existen muchos motivos por los que pueden declinar tu ofrecimiento: que nunca trabajen a modo de colaboración, que no sea posible o sea muy difícil controlar la facturación, que no sea un negocio escalable, etc.

Por último, en el caso de que te digan que no, no olvides preguntarles por qué no. Es decir, **pídeles feedback**.

Si consigues que argumenten su negativa, estarás consiguiendo una información extremadamente valiosa para ti y el futuro de tu proyecto.

Motivo número 2: Aumentar tus beneficios.

Mi experiencia me dice que cuando un empresario se plantea hacer una colaboración con una agencia de branding y esta le pide, digamos, un 20% sobre los beneficios, el empresario hace un cálculo mental rápido de cuánto ganaría cada mes si las cosas le fuesen bien y acto seguido descarta la opción de la colaboración... ¡Aunque ni siquiera tenga el dinero para gestionar su branding de manera low cost!

¿Por qué? Fácil. Si piensas que tu negocio va a generar, digamos, 3.000€ al mes y la agencia se va a llevar un 20% de esos 3.000€, en solo 2 meses ya le habrás pagado más de lo que te habría costado llevar tú mismo el branding siguiendo los consejos que has aprendido en este libro. Y así es.

Entonces, ¿dónde esta ese aumento en los beneficios?

A. Optimización continua.

Si te paras a pensar, te darás cuenta de que por muy profesional que sea una agencia de branding, nunca se va a tomar el mismo interés en desarrollar una marca de la que va cobrar pase lo que pase (y en ocasiones por adelantado), que una marca de la que solo va a cobrar si todo va bien y, además, en función de lo bien que esta vaya.

Y no estoy diciendo te vayan a hacer un peor trabajo si no existe colaboración, pero ¿crees que alguien va a rehacer tú web al cabo de unos meses si la imagen que esta transmite se va quedando desfasada, que van a optimizar la posición de los diferentes elementos para aumentar la conversión de usuarios a clientes o que van a medir el rendimiento y repercusión de tus diferentes acciones de marketing (por poner tres ejemplos) si no pagas por ello?

Y lo más importante ya no es si estás dispuesto o no a pagar por estas tareas "extras", si no que muchas veces no sabrás siquiera que estas acciones son importantes para hacer crecer tu marca y tu negocio si no tienes a un buen partner que te acompañe y te guíe en el camino.

B. Focalización.

Si a todo lo anterior, añadimos que la tranquilidad de tener un partner experto en branding te permite despreocuparte casi por completo de la gestión de tu marca y focalizarte en lo realmente importante, tu labor como CEO de tu empresa, tu potencial de facturación aumenta exponencialmente.

Digamos que la idea que debes tener en mente es: **¿prefiero ganar el 100% de 3.000€ o el 80% de 30.000€?**.

"Si quieres ir rápido camina solo, si quieres llegar lejos ve acompañado."
Proverbio africano

Consejos a tener en cuenta antes de formalizar una colaboración.

- No tengas prisa por cerrar un acuerdo y trata con detenimiento cada apartado. Es recomendable contar con el asesoramiento de un abogado para poder atar todas las posibilidades presentes y futuras de tu proyecto.
- Define muy bien tu modelo de negocio para saber de dónde van a venir tus ingresos, ya que no es lo mismo dar un % de tus ingresos obtenidos al vender solo servicios profesionales, que dependerán de las horas que inviertas y de tus tarifas, que tener un e-commerce con una facturación escalable.
- Si dudas, pregunta. Nunca te quedes con dudas ni realices algo por desconocimiento. Investiga, pregunta y vuelve a preguntar. Solo así, podrás tomar las mejores decisiones.

Conclusiones

Espero que la lectura de este libro haya contribuido a darte ese empujoncito que muchos emprendedores necesitamos para no dejar la gestión de tu marca para más adelante.

Si recapitulamos, verás que, en el peor de los casos (cuando no sea posible una colaboración), hemos conseguido reducir el presupuesto medio, de entre 30.000 y 60.000 euros, propuesto por cualquier agencia de branding para la creación de una marca corporativa, a menos de 1.000 euros:

- Redacción de misión, visión, valores y posicionamiento: 0€
- Elección del naming: 0€
- Registro de marca: 123€
- Creación de eslogan y storytelling: 0€
- Logotipo profesional: 259€
- Elección de tipografía y colores corporativos: 0€
- Diseño y desarrollo de página web: 400-500€

Más creación de estudio de grabación (imagen, sonido e iluminación): 100€

Y lo más importante, sin perder un ápice de calidad ni profesionalidad.

Con todas estas nuevas herramientas en tu mochila, te encuentras en una posición privilegiada a la hora de competir y destacar por encima de todas aquellas empresas que decidieron ignorar o dejar para más adelante la gestión de su marca. Aprovéchalo y... ¡marca la diferencia!

Si te ha quedado alguna duda o quieres comentarme algo personalmente, puedes escribirme a *hola@soykevinalbert.com*. Estaré encantado de conocerte y de saber sobre ti y tu proyecto.

¡Un abrazo y mucho ánimo, emprendedor!

Importante

Como todos mis libros, esta es una versión beta, es decir, que irá mejorando con el tiempo y la experiencia. Para que esto sea así, **tu opinión es imprescindible**.

Por favor, déjame una reseña en Amazon y cuéntame qué te ha parecido. ¿Qué es lo que más te ha gustado? ¿Hay algo que hayas echado en falta? ¿Añadirías o quitarías alguna parte? ...

Escanea con el móvil para dejar tu reseña.

Si por cualquier motivo mi libro te ha parecido una basura, por favor escríbeme un email y te devolveré el 100% de tu dinero por haberte hecho perder el tiempo y/o resolveré cualquier duda que haya podido quedarte.

El principal motivo que me empuja a seguir escribiendo es ayudar a las personas y si no lo estoy consiguiendo, gustosamente me dedicaré a otra cosa.

Gracias de corazón,
Kevin Albert